谈判心理学

制造强势心理势差的谈判技巧

梁志刚　编著

企业管理出版社
ENTERPRISE MANAGEMENT PUBLISHING HOUSE

图书在版编目（CIP）数据

谈判心理学：制造强势心理势差的谈判技巧 / 梁志刚编著.
—北京：企业管理出版社，2018.8

ISBN 978-7-5164-1763-8

Ⅰ．①谈… Ⅱ．①梁… Ⅲ．①谈判学－社会心理学 Ⅳ．①C912.35

中国版本图书馆CIP数据核字（2018）第193984号

书　　名：谈判心理学：制造强势心理势差的谈判技巧
作　　者：梁志刚
责任编辑：蒋舒娟
书　　号：ISBN 978-7-5164-1763-8
出版发行：企业管理出版社
地　　址：北京市海淀区紫竹院南路17号　　邮编：100048
网　　址：http://www.emph.cn
电　　话：编辑部（010）68701661　发行部（010）68701816
电子信箱：26814134@qq.com
印　　刷：香河闻泰印刷包装有限公司
经　　销：新华书店
规　　格：170毫米×240毫米　16开本　12印张　235千字
版　　次：2018年8月第1版　2018年8月第1次印刷
定　　价：48.00元

版权所有　翻印必究・印装有误　负责调换

前言 FOREWORD

你从未服输，但最难的谈判，不是针锋相对，而是走进他的心。

——《谈判官》

如果你还认为谈判只局限于商务谈判的范畴，我想你应该改变想法了。

如果你是一名销售员，与客户的沟通，对客户的说服便是一种谈判；

如果你是一位顾客，与店家的讨价还价，为自己争取优惠价格也是一种谈判；

如果你是一位管理者，与下属沟通工作，下达指令，也是一种谈判；

如果你是一名员工，向领导请求加薪、提出不同意见，也是一种谈判。

……

美国著名谈判专家荷伯·科恩说："现实世界是一张巨大的谈判桌，每个人都有可能成为谈判者。"确实如此，谈判无处不在，它已经成为人们生活中不可缺少的组成部分。不管我们喜不喜欢，每个人都会在不知不觉中成为谈判者，参与各种各样的谈判活动。谈判本质上是心理上的博弈，是为了消除分歧、改变关系、谋求共同利益而进行的交换看法和磋商协议的交流活动。

谈判本来就是一场利益之争，双方都想争取利益的最大化。在促使谈判双方达成一致意见的关键要素中，口才其实不是最重要的，最重要的是要看谁能在心理战中更胜一筹。

可以这样说，谈判制胜之道就在于制造强势的心理势差，在对方的心理防线上打开一个突破口，然后一切尽在掌握之中。我们可以不够强大，但是我们不可缺少底气、策略和智慧。这是谈判高手应具备的强者气场。

不过，谈判不仅是智力和心理的较量，更是技巧和策略的比拼。只有强者的气场还不够，还需要灵活地运用心理策略，或委婉，或强势，或赞美，或反对，一味的强势或示弱都不能赢得对方的认可和信服。如果我们抓住了对方的心理命脉，一句话就有可能将其打动；如果抓不住对方的心理命脉，即使费尽口舌也是枉然。

要想精准地洞悉谈判对手的心理，我们必须深入了解对方，包括其性格、需求和底牌，然后才能迎合其性格，满足其需求，压制其底牌，并制订出有效的谈判策略。掌握了谈判心理学，我们就能在谈判时制造强势的心理势差，或直接或委婉地影响对方、控制对方，从而掌握谈判上的主动权与话语权，最终成为谈判赢家。

本书共分为十二章，通过大量生动的谈判案例，分别从谈判准备、谈判策略、谈判原则、消除戒备心理、加强话语攻势、提升自身感染力、倾听、察言观色、情绪管理、破解套路、进退玄机以及生活谈判等方面详细阐述了谈判的各种心理技巧和应对策略，帮助读者学会如何察言观色应对谈判对手的各种套路，如何应对谈判对象的无理要求和故意刁难，如何在艰难、对立的谈判中坚守自身利益底线的同时与对方达成共识等实战技巧。

虽然谈判的形式千差万别，但其基本要素是不变的，因此本书介绍的谈判心理策略和技巧完全适用于各种谈判。期待本书能给你一把打开成功谈判大门的钥匙，帮助你在谈判中占尽优势，让一切尽在掌握之中。

编　者
2018 年 6 月

目录 CONTENTS

第一章

做好充分准备，开局就给对方带来强大的心理势差

一、巧妙选择谈判时间，占据谈判"天时"之利 /2

二、选择自己熟悉的地方，占据谈判的主场优势 /4

三、谈判的座次安排是一种重要的空间语言 /6

四、拥有自信，想方设法慑服对手 /8

五、摸透对手底细，谈判就增加了90%的胜算 /9

六、巧施威慑力，让对手一看到你就想到自己的失败 /12

七、没有情报优势，哪有谈判优势 /13

八、手势语言彰显自我，一举一动都显大家风范 /15

第二章

谈判策略巧运用，你说出的每句话都能变成真金白银

一、红白脸策略："两面派"软硬兼施，撼动对方心理防线 /18

二、红鲱鱼策略：故作姿态，用一个不起眼的要求换来重大让步 /19

三、钳子策略：以小博大，用语言的钳子转动对方的思想 /20

四、蚕食策略：步步为营，让对方不断满足你的小要求 /22

五、激将策略：让对方吃下"好胜心"和"自尊心"两个诱饵 /24

六、声东击西策略：掩盖真实意图，用假靶子套出对方真实信息 /27

七、金蝉脱壳策略：不得不做出让步时，说一声"这事我无权决定" / 29

八、欲擒故纵策略：摆出成不成无所谓的态度，让对方主动做出让步 / 31

第三章

坚持谈判原则，紧紧抓牢谈判主动权

一、认定谈判的目标，不要把无关干扰当回事 / 35

二、谈判不能意气用事，坚持客观才能心平气和地达成一致 / 36

三、换位思考，知己知彼才能取得谈判优势 / 39

四、立足双赢，维持谈判大局 / 40

五、浓缩的都是精华，三言两语说清道理 / 42

六、莫让理智迷失在急切的心情中 / 43

七、勿自曝家底，以免被对方算计 / 45

八、明确自己的底线和筹码，做到心中有数 / 46

第四章

赢得对方好感，让谈判对手消除戒备心理

一、用一句话拉近心理距离，让对手产生认同心理 / 51

二、共同的兴趣爱好让双方一见如故，相见恨晚 / 52

三、大智若愚，让对方多一些表现"聪明"的机会 / 55

四、恰如其分地赞美对方，让对方心生愉悦 / 56

五、让人感觉到被尊重，才有继续谈判的可能 / 58

六、幽默语言是谈判的润滑剂，缓和气氛化解僵局 / 60

七、以柔克刚，融化对方心中的冰山 / 62

八、减少尖锐问题的敏感度，曲径方能通幽处 / 63

九、找准对方的利益动机，化解双方的谈判僵局 / 65

第五章

加强话语攻势，抓住机会找到谈判突破口

一、情感补偿，给对方的高温情绪来一剂退烧药 / 68

二、为对方虚拟竞争对手，给其施加压力 / 69

三、说话要留有余地，不要把后路堵死 / 70

四、话中带话，用言外之意给对方传达观点 / 72

五、软磨硬泡，用耐心和韧性拖垮对手的意志 / 73

六、吊足对方的胃口，使其心甘情愿上钩 / 75

七、事实胜于雄辩，让对手败在铁一般的事实面前 / 77

八、别只顾发表观点，提问对方更易获得主动权 / 79

九、话语攻势别太激烈，小心伤人又伤己 / 82

十、让对方不停说"是"，无声无息掌握主动权 / 83

第六章

提升自身感染力，不用打嘴仗就能让对方甘拜下风

一、运用文件战术，让对方被你的"精心准备"所折服 / 86

二、谈判中处于劣势时要镇定自若，不能崩盘 / 87

三、遇强则强，不要涨了对方的嚣张气焰 / 88

四、运用莱斯托夫效应，彰显自己的个性 / 90

五、借用神态语言展现自己的内心世界，抓住对方的心 / 91

六、谈判不要心太软，摆出"高姿态"压制对方 / 92

七、向对方施压，重重压力使对方不得不服软 / 94

八、别总那么消极，积极、正面的语言更有说服力 / 96

第七章

让对方尽情地"谈",在倾听中冷静地"判"出情报

一、倾听是一个持续的过程,未达协议便不要堵上耳朵 / 100

二、在倾听中找准决策者,别和无决策权的人浪费精力 / 101

三、听要点,找准对方愿意和自己谈判的切入点 / 103

四、听懂暗示信息,做出正确判断 / 105

五、倾听的同时,要给谈判对手积极的反馈 / 108

六、对方说得越多,自己的胜算越大 / 109

七、听声辨人,对方说话的声音是其性格标签 / 110

第八章

察言观色,把对谈判有利的细节尽收眼底

一、剥丝抽茧,用非凡的观察力洞察对手内心 / 113

二、揭开对方的面具,解密隐藏在表象之下的真相 / 114

三、服装搭配是人的一面镜子,真实性情显露无遗 / 117

四、留意对方的视线,从跳动的眼神中看透其微妙心理 / 118

五、分辨对手表情变化,洞察对手的心理动态 / 120

六、解读肢体动作,摸透对方的真实意图 / 122

七、分清对手的气质类型,谈判时"看人下菜碟" / 124

第九章

拿情绪做文章,在定心前提下让对方为你所动

一、运用情绪感染效应,让对方的情绪为你所控 / 128

二、表达"意外的惊讶",增加对方让步的可能 / 130

三、要有一张扑克脸,掌控住自己才能击垮对手 / 131

四、学会适时沉默，不战而屈人之兵 / 133

五、保持乐观与耐心，让对方的攻击自讨没趣 / 135

六、说话别太软弱，硬气一些才会让对方刮目相看 / 136

第十章

破解对手套路，见招拆招才能扭转乾坤

一、制造误解，使对方的出尔反尔受到惩罚 / 138

二、避重就轻，避开主要问题谈其他条款 / 139

三、迂回闪躲，让自己的短板绕过语言攻击 / 140

四、面对言语攻势，巧妙地"以毒攻毒" / 141

五、用模糊语言作缓兵之计，巧拒不想回答的问题 / 143

六、反客为主，引导对方按我们的思路走 / 144

七、以谬制谬，以其人之道还治其人之身 / 145

八、难得糊涂，对敏感问题含糊其词 / 147

九、擒贼先擒王，征服关键决策人物才有效 / 149

第十一章

把握进退玄机，在协商中让天平倾向自己

一、报价不能一锤定音，第一次报价永远不是最终结果 / 153

二、让对方先报价，提早获知对方的心理预期 / 154

三、掌握让步幅度，让步过快只会让自己陷入被动 / 155

四、别轻易做出让步，每一次让步都要见到回报 / 157

五、让步一次性到位，让对方迫切抓住成交的机会 / 160

六、识别"苦肉计"，别被自己的同情心套牢 / 161

七、妙用最后通牒，不给对方扭转局面的机会 / 163

八、准备多种替代方案，别一条路走到黑 / 165

九、主动示弱，用感情打动强势的对方 / 166

第十二章

做好生活中的谈判官，谈判才能水到渠成

一、讨价还价：言语之间，就可以省下一笔钱 / 169

二、要求加薪：把握时机，以业绩为底气谈加薪 / 171

三、朋友相处：透露小秘密，让朋友觉得他和你是自己人 / 173

四、夫妻分歧：深谙谈判技巧，消除婚姻中的不和谐 / 174

五、面试：营造良好的印象，打动面试官的心 / 175

六、职场进谏：含蓄委婉，别触动领导的威严 / 178

七、家庭教育：与孩子和风细雨地谈判，是教育孩子的契机 / 180

第一章

做好充分准备，开局就给对方带来强大的心理势差

在一开始就占据心理优势，谈判就成功了一半。控制谈判开局的气氛和局势，在气场上压制住对方，我们就赢得了谈判的主动权。与对方的心理势差越大，我们获胜的机会就越大。因此，谈判之前应该做好充分的准备，开局之初就要给对方造成一定的心理压力。

一、巧妙选择谈判时间，占据谈判"天时"之利

时间是每个人的重要资产，也是每个人的得力武器。在谈判活动中，时间是一个十分重要的因素，把控好时间对于谈判成功有着很大的推动作用。

从是否有利于谈判双方而言，谈判时间总体上可以划分为四类。

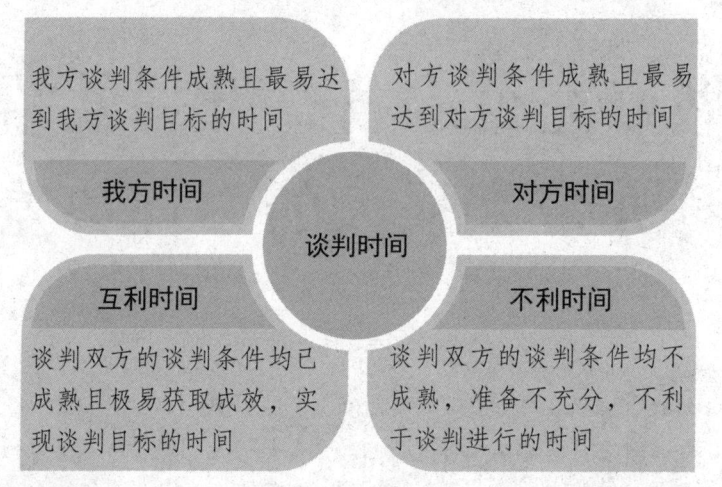

我方谈判条件成熟且最易达到我方谈判目标的时间	对方谈判条件成熟且最易达到对方谈判目标的时间
我方时间	**对方时间**
互利时间	**不利时间**
谈判双方的谈判条件均已成熟且极易获取成效，实现谈判目标的时间	谈判双方的谈判条件均不成熟，准备不充分，不利于谈判进行的时间

（中间：谈判时间）

要想谈判成功，我方自然要选择有利于自身的谈判时间，因此要注意以下几种情况。

（1）避免在需要休息的时候进行谈判。比如，刚吃完饭的时候，十分劳累的时候，尤其是去外地或国外谈判，旅程结束之后应先调整休息，不能直接展开谈判；若是已经连续工作了很长时间，此时人的思维比较混乱，也不宜进行谈判；下午4时到6时是人一天当中最疲劳的时间段，思维能力下降，也不宜展开谈判。

（2）避免星期一效应。周日之后的第一天上班，人们在心理上可能仍未进入工作状态，这个时候展开谈判可能会增加失败的风险。

（3）避免身体不适时进行谈判，因为身体不适，人们很难把精力集中在谈判上。

（4）卖方谈判者应主动避开买方市场，买方谈判者则要尽量避开卖方市场。谈判应该在平等互利的条件下进行，而不是在最急需某种商品或急需出售商品时进行谈判。谈判者要预先谈判，注意时间因素的重要性，选择对自己最有利的时机。

既然我们已经掌握了不利于谈判的时间因素，除了自身需要避免这些不利因素以外，还要给对方设置障碍，寻找对方不利于谈判的时间，增加自己的谈判优势，在谈判之初力求占据主动。

那么，不利于对方谈判的时间有哪些呢？

第一章
做好充分准备，开局就给对方带来强大的心理势差

1. 对方准备工作不充分

准备工作越到位，谈判成功的可能性就越大。正因为如此，在谈判之前应尽最大努力去收集对方的信息。如果发现对方准备工作不充分而我们准备充分，就可以主动出击，促使双方尽快谈判，拿下谈判的主动权。

2. 对方状态不佳

如果对方谈判人员的身体状态不好，或者情绪不稳，那对方的思维应该比较混乱，无法将全部精力集中到谈判上，这时我们可以抓住更多的机会争取更多的利益。

3. 对方急于合作

谈判时不能心急，尤其是不能表现出心急的情绪。心急表示需求大，会更容易做出妥协。如果对方急于展开合作，我们就可以争取到对方更多的妥协。

4. 对方投入时间很多

在谈判上花费的时间并非毫无价值，时间是金钱，也是一种投资。既然是投资，人们肯定希望有所回报。如果对方在谈判中花费的时间很多，他们促成谈判的意愿就很强，不会甘心放弃，哪怕做出一定的妥协对方也会守住这个生意。

案例1　日方谈判代表套出美方谈判期限一再拖延，最终对手仓促妥协

美国著名的谈判专家科恩年轻时曾在东京进行了一场为期14天的谈判。登上飞往日本的飞机时，他就暗下决心一定要拿下这场谈判。

飞机着陆后，他迅速地冲出机场大厅，发现有两名温文尔雅的日本人在接他。这两个日本人请他单独坐在后面舒适的座位上，而他们则挤在前边的座位上，这让科恩对其有了基本的好感。

接着，他们三人开始闲聊，慢慢熟悉后，其中一个日本人说："先生，您坐着还舒服吧？等您回去的时候，我们还用这辆车送您去机场。"

科恩觉得他们非常善解人意，尽管还没有考虑自己的返程时间，但还是告诉他们大概需要两周以后回去。

抵达谈判地点后，日方谈判代表并没有立刻展开谈判，而是白天安排科恩参观各个旅游景点，晚上则让他享受传统的日本晚宴。当他提到谈判时，日方谈判代表总是说："不用着急，时间还早嘛！"

就这样一直到了第12天，谈判终于正式开始了。但日方谈判代表仍然邀请科恩在谈判之后打高尔夫球。不得已，科恩只好早早结束了当天的谈判。

第13天，谈判时间也是没多久，日方就为他举行欢送会，几乎没说什么与谈判

有关的正题。

第14天,他们终于谈到了谈判的重点,可接科恩去机场的车已经到了。日方谈判代表彬彬有礼地问:"先生,如果您不想走,我们可以帮您退票。"不过,科恩对日本的饮食很不习惯,早就想回去了,也不想再退票。

于是,他只好与日方谈判代表在车上继续谈判,最后在上飞机之前达成协议。

事后科恩回忆起来才知道自己其实已经中了日本人的圈套。其实接机的那两位日本人是日方谈判人员安排好的,他们顺利套出了科恩的谈判时间期限,于是日方一再拖延谈判,不愿谈判尽早开展。最后科恩由于不愿空手而归而让他们占了大便宜。

可以看出,案例中的日方谈判代表是善于利用时间压力的谈判高手。其实要想避免在谈判中出现这种情况,谈判方就应该具备忽视投入成本的心理。

谈判高手都知道,不管谈判进行到何种程度,都不要太过于看重自己投入的时间和金钱,因为那些已经属于沉没成本,无论是否达成协议,投入的时间和金钱都无法收回。因此,一定要冷静地审察眼前的谈判条款,反复告诫自己忘掉已经投入的时间和资金,重新开始谈判。

> **谈判技巧**
>
> 谈判时要学会利用自己的优势给对方制造困局。从谈判时间上来说,要选择对自己有利的谈判时间,在对方不便于谈判或者状态、准备不佳的时候展开谈判,给对方造成压力,这样更容易获得谈判上的心理优势。

二、选择自己熟悉的地方,占据谈判的主场优势

在体育比赛中,在自己的地方比赛叫作主场,去对方的地方比赛叫作客场。当一个球队在赛场上踢球时,观众一面倒地为自己的球队加油助威,无疑就具有"主场优势"。谈判也是如此,只不过它不是体力上的较量,而是智力和情商上的较量和比拼。

根据谈判地点来划分,谈判可以分为主场谈判、客场谈判和中立地谈判。谈判最好能在主场进行,即使不行也可以选择在中立地进行,尽量规避客场谈判。

第一章
做好充分准备，开局就给对方带来强大的心理势差

主场谈判占有地利之便，主要体现在以下几个方面。

1. 熟悉谈判环境，有安全感。
2. 十分方便与上级或者顾问进行沟通，有智囊团的支持。
3. 可以安排对我方有利的议程和具体地点。
4. 可以利用本地的习俗或者其他条件给对方设置障碍，施加影响。
5. 节省去异地谈判的费用和时间。

人类与其他动物一样都有领域感，对于自己地盘的事情有着掌控感和安全感，所以做事有底气。一旦选择了对自己有利的谈判地点，我们在开场就可以占据主场优势，给对方的心理上造成巨大的压力。这样的形势对谈判结果显然是十分有利的。

具体到谈判地点，选择自己的单位或者私人空间是最好的方案，这样便于自己快速进入角色，发挥出正常的水平。

案例2　美国公司派代表到日本谈判，由于时差影响，谈判结果差强人意

美国某公司要与日本某公司就合作的产品展开谈判。日本公司希望美方代表前来日本进行谈判。由于这一产品在美国市场上处于更新换代的窗口期，美国公司迫切地希望日方公司能够改进产品的规格和包装，以适应美国本土市场。于是，美国公司答应派代表前往日本谈判。

美方谈判代表刚下飞机就受到了日方谈判代表的热情接待，日方带着他们参加各种活动。美方谈判代表十分疲惫，而且因为时差的影响，即使到了晚上，美方谈判代表仍然睡不着。

第二天，谈判正式开始，由于美方谈判代表睡眠不足，精神疲惫，脑子不清醒，双方没有达成任何协议。

几天以后，美方谈判代表终于适应了日本时间，但谈判即将结束，结果他们并没有在这次谈判中达到自己的目的。

在这个案例中，日本公司就占据了主场优势，以逸待劳。而美方公司忽视了地点变化对谈判的影响，而且到达日本后不进行集体调整休息，还参加各种活动，进一步加剧了地点变化带来的负面影响，自然难以获得理想的谈判结果。

如果双方没有在谈判地点上达成一致，可以选择到第三方地点进行谈判，也就是前面提到的中立地谈判。

> **谈判技巧**
>
> 谈判场上存在着主场优势效应，占尽地利之便后，优势地位也就形成了，而谈判对手则处于劣势地位，于是在谈判进程中不自觉地逐步妥协，以致失利。如果双方都不能占有主场优势，可以选择中立场所，此处可以营造出安全、和谐的谈判氛围。

三、谈判的座次安排是一种重要的空间语言

谈判座位是谈判中的一种重要的空间语言，其中大有学问，不同座位的相对位置反映着不同的含义。

在安排谈判座位时，首先要对桌椅进行合适的安排。如果谈判较正式，台桌或椅子的摆放要能给人以平等的感觉；如果谈判是非正式的，台桌或椅子的摆放要有助于营造良好的谈判氛围。谈判座位应避免正面迎上刺眼的光线，桌面上可以根据需要摆放诸如公司标志、花卉等具有象征意义的物件，但要避免电话、台钟之类容易产生干扰的东西。而文件、资料等不适宜摆在谈判桌上，但又是必需的东西，应放在谈判桌的下面一层或置于身后的桌子上，或交给随同人员保管。

谈判座次的安排会对谈判者产生重要的心理影响，一般来说，主要分为四种座次安排。

谈判座次安排：
1 桌角式安排 A–B1
2 合作式安排 A–B2/C
3 对抗式安排 A–B3
4 独立式安排 A–B4

1. 桌角式安排对谈判者的心理影响

如图中的 A–B1 所示，桌角式安排给谈判者带来的心理感受是轻松、友好的。这样的相对位置可以让双方自由地进行目光接触，并能根据需要做出各种姿势。由于两人距离较近，只有桌的一角作为部分屏障，几

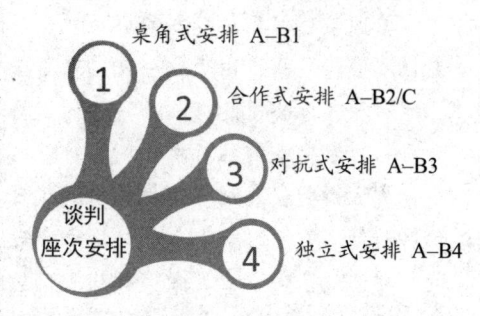

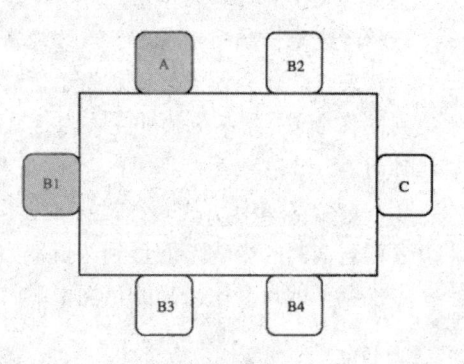

乎没有私人交往空间的分隔感。如果 A 是客户，B1 是销售人员，他们之间的交流氛围是和谐、友好的。

2. 合作式安排对谈判者的心理影响

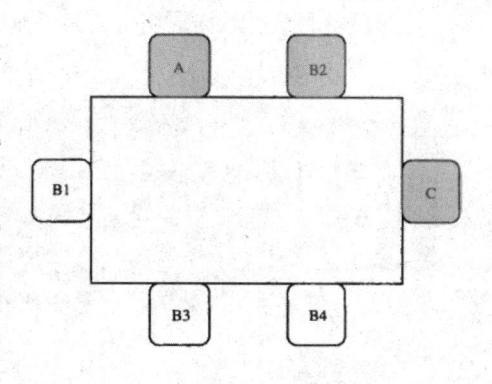

合作式安排给谈判者带来的心理感受是亲切、随意的。如图中的 A–B2/C 所示，这种安排常用于领导与部下相互谈心、交流意见，或朋友之间面谈。B2 距离 A 非常近，可以在 A 没有觉察到的情况下进入 A 的私人空间。在介绍第三者加入时，比如介绍 B3 或者 B4 加入谈判，B2 的位置可以起到很好的协调作用，因为这个位置好像是站在 A 的立场上或者处于中立的立场上。

3. 对抗式安排对谈判者的心理影响

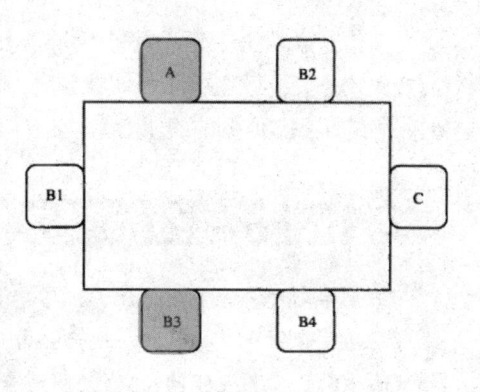

如图中的 A–B3 所示，这种座次安排营造出来的是一种竞争的氛围，潜藏着某种对抗情绪。当然，在不同的谈判场合中，这种座次安排所表达的含义也是不同的。

在正式谈判中，这种座次安排意味着正式、礼貌、尊重与平等；而在非正式谈判或会见中，这种座次安排会导致双方出现地位或者情绪的不一致。因此，在谈判中，要想对方乐于与我们沟通，最好不要采用这种座次安排。

4. 独立式安排对谈判者的心理影响

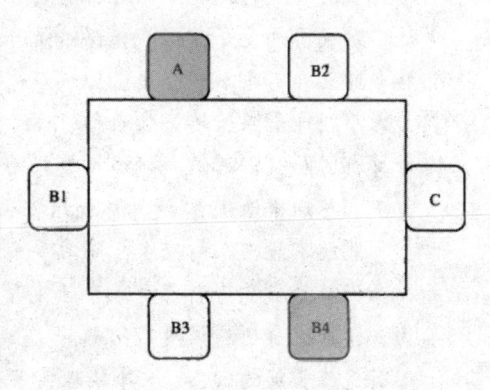

如图中的 A–B4 所示，独立式安排常常代表谈判者彼此距离疏远，或存有敌意，一般出现在公共场所两个陌生人之间，所以谈判时应尽量避免这种座次安排。

以上只涉及方桌谈判时的座次安排。而举行多边谈判时，为了避免失礼，按照国际惯例，通常以圆桌为谈判桌，举行"圆桌会议"。圆桌会议消除了尊卑的划分，但在具体就座时主方人员仍然要等客方人员就座之后才能入座。圆桌能给人以轻松、自在的感觉，淡化了双方的对立气氛，给人以团结一致、亲密无间的心理感受。

需要注意的是，不论方桌还是圆桌，座位的朝向都是需要关注的问题。一般认为面对门口的座位最具影响力，而背朝门口的座位最不具影响力。

> **谈判技巧**
>
> 在谈判的座次安排上，不同的相对位置传达了不同的含义，会对谈判者产生不同的心理影响。对谈判者最合适的座次安排是桌角式安排和合作式安排，这两种座次安排能够营造出和谐、友好的谈判气氛，有利于谈判的顺利进行。

四、拥有自信，想方设法慑服对手

自信是成功的基石，只有相信自己的能力，才能征服一座座困难的高峰。假如担心失败，失败就在所难免。谈判时，容光焕发、神采奕奕的谈判者会给人一种魅力四射的印象，他们的身上会散发出强大的磁场，慑服对手，从而取得谈判的胜利。

案例3 大学生学历达不到公司要求，但因自信风度得到人事经理的青睐

王长英在大学的专业是计算机信息管理，大专学历，不过她想成为一名销售人员。她在网站上看到一家知名的房地产公司正在招聘销售人才，便果断地投送了简历。

面试时，人事经理问："你只有大专学历，但我们招聘人员的最低学历要求是本科，为什么你仍然给我们公司投送简历？"

王长英早就料到人事经理会有此一问，于是面带微笑地回答："没错，我的学历是达不到公司的要求，但我觉得这是一个机会，必须要争取一下。况且，我认为自己在专业方面不比本科生差，你们可以对我进行考核。"

人事经理看王长英一脸自信，一时不知道该如何拒绝，于是继续问："你的专业是计算机，和我们的这个领域没有任何关系，你能保证胜任这份工作吗？"

王长英坦率地说："计算机和销售确实是两个完全不同的行业，但计算机行业的学生并非就不能与人打交道，而且要想做好销售这一行，懂得计算机方面的知识也是一个优势。我觉得自己是一个活泼开朗的人，非常喜欢和人交谈，有很好的沟通能力，我觉得自己应该没有问题。"

听完王长英的回答，人事经理笑了，然后用一种半开玩笑半挑衅的口吻说："看

来你挺自信，不知道你的自信源于何处？"

王长英笑着说："因为我知道自己的优势和劣势。"

两天后，王长英接到了该公司的录用通知。人事经理后来对王长英说："你的学历虽然很一般，但你的自信有很强大的气场，我都没有理由拒绝你了。你既然可以搞定面试官，搞定客户当然就更有把握了。"

自信的人通常活力四射，带有一种迷人的风度，当他们带着自信来到谈判桌上时，就会形成一种强大的气场优势，有气场的谈判者可以把自身的无形优势发挥到最佳，让谈判更加顺畅，更容易打动和说服对方。

要想具备自信的强大气场，谈判者需要表现出一种有力的姿态，这种姿态是让人肯定的基础，若表现得当，一举一动无不散发着自信的光彩。比如，站立的姿态一定不能松弛无力、萎靡不振，这会让人显得无精打采、漫不经心，身姿挺拔才能给人以精神抖擞、自信爆棚的感觉。就座时，谈判人员不要贪图舒服瘫坐在椅子上，也不要不停地抖动脚，或者来回扭动身子，这会给对方留下心烦难耐的印象。

除了姿态以外，穿着也是打造自信的一种重要方式。俗话说："人靠衣装马靠鞍。"注重自己的衣着打扮，穿戴正式整齐、干净利落，给对方一个良好的第一印象，就更容易赢得对方的尊重与信任。

> **谈判技巧**
>
> 自信能够营造出强大的气场，第一时间就会给予对方强大的震慑力，谈判也就成功了一半。要想打造自信的气场，不仅要在坐姿和站姿等姿态上表现出力度，还要注重穿着打扮，给对方留下良好的第一印象。

五、摸透对手底细，谈判就增加了90%的胜算

在谈判过程中，谁先露了底牌，谁就输了。因此，如果能够知道对方的底牌，就能掌握谈判的主动权，获益更多。在商务谈判中，底价、权限、目标等都是对方的底牌。不过，由于谈判涉及的利益至关重要，这些底牌都是机密，不被外人所知，而涉及底牌的任何一丝线索都能对谈判产生重要的影响。因此，谈判者需要通过一些方法、技巧摸清对方的底牌，进而在谈判中占据上风。那么，应该如何获得对

的重要信息呢？

1. 深入研究对方信息

为谈判做准备时，需要搜集与谈判有关的信息，这是一项必不可少的环节。有些信息非常明显，如谈判代表的人数、年龄、性格等，但有些信息极具秘密性，如对方的策略、筹码、底牌等。尽管对方的秘密信息不容易获取，但通过分析一些明显的信息可能猜测出秘密信息。

案例4 美国公司做足准备工作，日本公司用尽办法仍无果，只能让步

一家美国公司急需某种电子机器设备，而日本公司正好大量生产这种设备。于是，美国的这家公司派出代表与日本公司洽谈购买设备等事宜。日方谈判代表拥有非常丰富的谈判经验，谈判手法变化无穷，谋略高深莫测。面对如此强大的对手，美方不敢掉以轻心，精心组织了优秀的谈判团队，先对国际行情进行了充分的了解和细致分析，制订出谈判方案，几乎考虑到了任何可能发生的情况。

不过，尽管美方谈判代表做了各种可能性预测，但他们还是没有把握能够取胜，因为他们还缺少一个主导性的谈判步骤。

按照国际惯例，谈判开始后由卖方首先报价。日方谈判代表非常精通报价，首次报价1000万日元，比国际行情高出许多。假如美方谈判代表没有充分了解国际行情，就会以此高价作为谈判基础。而美方谈判代表已经知道了国际行情，于是果断地拒绝了对方的报价。

日方谈判代表采取迂回策略，没有在报价上继续纠缠，而是介绍设备性能的优越性，以此暗示美方谈判代表价格的公道性。美方谈判代表不为所动，提问对方："贵国生产此种产品的公司有几家？为什么说贵国此类产品优于法国或者德国呢？"

美方谈判代表通过提问表明自己对产品生产情况的了解程度，而且日本国内生产这种产品的公司很多，美方的选择不止这一家。日方谈判代表充分领会了美方谈判代表提问的含义，故意问他的助手："产品报价是什么时候定下来的？"助手配合地说："是以前定的。"日方谈判代表笑着说："时间太久了，不知道价格是否还维持原来的水平，我们需要请示总经理。"

美方谈判代表也知道此轮谈判不会有结果，宣布休会，给对方以让步的余地。经过反复协商，日方谈判代表一致认为美方谈判代表做了充足的准备，为了早日做成生意，他们不得不做出退让。

2. 试探

在得到对方报价后，谈判人员可以给对方制造压力，降低对方的期望值，从而

试探出对方的底牌。比如，对方报价之后，我们可以说"这也太贵了"或者"能否便宜一些"，然后等着对方给出一个更合理的价格。

如果作为卖方，谈判人员可以把价格调高到一个对自己有利的范围内，然后慢慢地进行试探，直到对方亮出底牌。

3. 迂回询问

迂回询问，就是通过闲聊从某一不易引起对方警惕心理的方面入手，试探对方的底牌。

比如这样问："领导很赏识您，应该也会让您处理有关采购方面的工作吧？"通过这类问题可以试探出对方的谈判权限。

"我有位朋友在一家旅行社上班，在他那里订票更优惠，您何不在他那里订返程机票呢？"通过这类问题可以得知对方的谈判期限。

除此之外，还可以通过闲聊来询问对方公司的经营状况，打算投资的领域、项目等。一旦对方开口，说不定就会透露出非常重要的信息。

4. 造假

通过故意做出某些行为来刺激对方，观察对方的反应，比如故意报错价、念错字或者误解对方的意思等，假如对方的表情变得严肃、神情紧张，就说明这一点对他很重要；如果对方并未出现任何反应，就说明这一点对于对方来说不足挂齿。

当然，当我们在摸索对方底牌时，对方也在想方设法地探知我们的底牌，因此，必须掌握一定的技巧和方法来阻止对方获知自己的底牌。

要想不被对方知道底牌，需要寡言慎行，避免神情波动。我们可以发呆或微笑，让对方不知道我们在想什么。假如对方试图通过提问来探知我们的底牌，最好的办法就是装傻充愣。无论他们问什么问题，都可以用"我也不确定""我不清楚""这事还没定下来"做模糊的回答，把他的问题挡回去。

> **谈判技巧**
>
> 谈判对手的底牌是底线所在，一旦底牌暴露，洽谈的后路就被切断了，自己的任何举动的背后含义都被了解得一清二楚，对方就会更容易想出办法来牵制。因此，要想在谈判中占有优势，不妨找到对方的底牌，通过研究对方已知信息、迂回询问、不断试探等方式获知对方的"命门"。

六、巧施威慑力，让对手一看到你就想到自己的失败

威慑力是什么？威慑力来源于强大的气场，来源于强大的实力。在有威慑力的人眼中，他能够掌控一切。威慑力就是一根无形的操控线，线的一端是他不可小觑的实力，而另一端则是随时可能失败的"loser"。

在谈判场上，有威慑力的谈判者表情严肃，不苟言笑，话语不多，只在关键时刻发表自己的观点。这就给对方增加了无形的压力，使对方不敢在他面前表现得过于强硬。实际上，谈判者如果能获得这种效果，就已经取得了心理优势，占了先机，更有利于接下来的谈判。虽然有些人天生有一股威慑力，但这样的人毕竟是少数，要想在谈判场上表现出这样的威慑力，需要靠一定的"伪装"。

案例5　平时温和的领导谈判时判若两人，严肃神态威慑谈判对手妥协

林海川到岗没多久，在一家公司做销售员。由于他对销售这一行还不是很了解，他的领导张哲经常帮助他。在林海川看来，张哲脾气十分随和，平时脸上经常挂着微笑，即使是给下属安排任务也是语气温和。林海川觉得自己非常幸运，能遇到这样一位好脾气的领导。

这一天，张哲带着林海川参加一场谈判，在去谈判地点的路上，张哲和往常一样不时地与林海川开几句玩笑。

但当他们进入谈判场所后，林海川发现张哲就像换了一个人似的，脸上的笑容早已不见，面目凝重，严肃认真。谈判对手入座后，张哲仍然表情严肃，而且与对方的寒暄并不是很热情，点到即止。

林海川对张哲的表现非常疑惑，也很担心，他觉得这样的表现肯定会让对方不高兴。因此，林海川一直密切观察着对方的反应。让他感到意外的是，对方非但没有不高兴，还表现出了一副恭敬的样子。

当谈判进入到最后阶段时，张哲仍旧保持着之前的态度，甚至比刚开始时还要冰冷、严肃，那股威慑力让林海川看着都觉得恐惧。最终，对方在讨价还价之后做出了让步。

谈判结束后，对方公司代表离开了谈判场所，林海川也将东西收拾妥当，准备随同张哲一起离开。这时他发现，刚才在谈判过程中一直严肃、冷酷的张哲此刻又露出笑容。

林海川感到很好奇，就问张哲为什么在谈判过程中一直表情严肃。张哲笑着对

他解释："谈判之前，我就已经了解到对方公司并不占有优势，讨价还价时并没有太足的底气。为了让他们做出让步，我必须表现出强硬的态度，他们见到我的态度很霸道，就知道咱们的实力很强，这样他们肯定会做出让步。"

为了在谈判中威慑对方，有必要对自己进行一定的"伪装"。一般来说，伪装可以通过严肃的表情和强势的话语来实现。

1. 表情严肃

表情温和传递给他人的含义是：我愿意和你说话，这使对方更愿意接近我们；而表情严肃则充满着攻击性和抗拒性，使人退避三舍。严肃而具有威慑力的表情能给对方施加一定的心理压力，从而起到威慑人心的作用。

2. 语言强势

强势的语言也能给对方带来心理压力。通过展现自己镇定的心绪、坚定的态度以及强硬的立场，向对方传达出巨大力量，使其迫于心理压力而最终妥协。

在谈判过程中，要想使自己的语言强势，一方面在表达观点的时候尽量说短句，简练表述自己的意思；另一方面，说话的语调要强势，给人以毋庸置疑的语气，使对方感受到我们咄咄逼人的气势，从而做出一定的让步。

> **谈判技巧**
>
> 用气势压人，从一开场就为谈判种下赢的种子。通过严肃认真的表情、强势的语言，打造出一个实力强大、不容怠慢的威严形象，让对方在谈判开始前就在气势上矮一头，从而更容易使对方在谈判过程中迫于压力而让步。

七、没有情报优势，哪有谈判优势

商场如战场，谈判其实也是一种商战，所以搜集对手的情报非常重要，甚至会对结果起到决定性的作用。那么，谈判人员该如何搜集对手的情报呢？

1. 咨询与谈判对手关系密切的人或企业团体

每个人或者团体都不是独立存在的，肯定会与其他人或者团体产生某种联系。对人而言，除了和朋友、亲人关系密切以外，与同事、合作伙伴的关系也不可忽视。对企业团体而言，与之合作的经销商、供应商、服务公司等都是有密切联系的团体。

为了获得情报，谈判人员可以找到对方的合作伙伴或者服务公司等了解情况，对于重要的情报，最好寻找实力较强的大公司打探消息。由于这种大客户对厂家的情况了解得比一般人清楚，因此询问他们可以了解更多的内幕消息。

案例6　美方佯怒离开，中方不为所动，只因手中掌握美方历史交易数据

某厂与美国某公司洽谈生意，购买设备，当初美方报价218万美元，中方经过讨价还价，将价格压到128万美元，但是中方仍然不满意，想要美方继续降价。

美方谈判代表佯装震怒，说："我们再降10万美元，118万美元成交，若还不行，我们立即启程回国！"

中方其实早就掌握了美方交易的历史数据，没有因为美方谈判代表的威胁做出让步，坚持再降价。

美方谈判代表第二天果然回国了，但中方谈判代表一点儿也不惊讶。正如中方所料，美方谈判代表在几天后又回到了谈判桌上，继续和中方进行谈判。这时中方谈判代表亮出了在国外获取的情报，情报表明美方其实在两年前以98万美元的价格将这种设备卖给了匈牙利的客商。

看到中方掌握了如此具体的情报，美方谈判代表只好妥协，以物价上涨为由狡辩了一番，最后以108万美元的价格成交。

2．吸引谈判对手的骨干成员

谈判人员不是独自一人开展谈判的，而是多人组成谈判团队进行谈判。因此，谈判对手内部有时也会因为某些原因产生分歧，这时我们一定要抓住机会，把对方的分歧转化为自己的优势，比如吸引对方的骨干成员，使其加入自己的团队等。

要知道，对方骨干人员所掌握的信息是十分重要的，而且职位越高，掌握的信息就越重要，吸引他的难度也就越大。当然，在吸引谈判对手时，还要警惕对方的"卧底"，因为对方很有可能利用这些人来刺探我们的情报。

3．借力大型的展览活动

每个行业都有诸如展览、研讨会等行业交流活动。尽管并非每个企业或者厂家都会定期参加这类活动，但在行业内具有一定地位的企业或者推出新品的企业对这类活动非常重视。企业可以通过这样的活动提高自己的知名度，寻找潜在的合作伙伴。

4．追踪对方领导的言行

获取情报不需要翻墙入室或者坑蒙拐骗，其实情报无处不在，只要有足够的敏

感度和判断力，我们就能获取想要的情报。比如，对方领导人在各种公开场合发表的各种言论，其实就隐含着重要的情报信息，但是需要我们先将这些信息加工整理，甚至长期密切关注对方的公开言论才可以。只要从竞争品牌领导的言行中找到蛛丝马迹，分析出其不经意流露出的信息，就能为将来的谈判做好充足的准备。

5. 通过参观或者学习获得情报

假如我们没有其他可以获取情报的渠道，参观学习也不失为一个好办法。其实通过近距离的参观学习，我们更有可能掌握最可靠、最真实的情报。不妨以寻求合作或投资考察的名义进入对方的重要区域，在与对方洽谈合作时暗中掌握他们的生产规模、销售渠道等信息。

> **谈判技巧**
>
> 知己知彼，百战不殆。谈判时不能做无头苍蝇，一定要有情报做支撑。只有拥有准确的情报，才能有针对性地采取措施，占据优势地位。因此，要利用一切机会寻找对谈判有利的情报。

八、手势语言彰显自我，一举一动都显大家风范

语言不只有口头形式，还有肢体语言、表情语言等，一个人虽然沉默不语，但可能表情丰富；一个人虽然面无表情，但可能被其肢体动作所出卖。很多时候，一旦内心出现波动，人们会不由自主地做出一些泄密的小动作。手势语言是肢体动作中最常见的一种。

通过手势语言可以展示自己的信心，彰显自我；相反，如果缺乏自信，也会被手势语言暴露出来。

案例 7 应聘者因为紧张不断触摸自己鼻头，走出公司就预感到面试砸锅

从单位辞职后，王博就开始抓紧找工作。投递简历后，有一天他接到了一家公司的面试邀请。

不料，面试那天早上，王博由于睡过了头，起床时已经是早上九点半了。他急忙洗漱，整理面试资料，当他赶到面试公司时快到十点半了。

王博刚坐好，经理就走了过来，然后公司副总也走了过来。这让王博紧张到了

极点,在进行自我介绍时,他总是不由自主地摸自己的鼻子,觉得自己的鼻头很痒。过了一会儿,他发现副总表现出了不耐烦的表情,这让他更加慌乱。本来他做了充足的准备,却因为紧张全部忘记了。副总不一会儿便出去了,经理继续向他提问了几个无关痛痒的问题,面试就这样结束了。

很显然,王博在面试中的表现不能令人满意。他在走出公司时就已经知道了,这次面试是被自己的紧张搞砸的。

说话时摸鼻子会给人留下不自信的印象,王博就是因为做出这个动作才被淘汰的。其实,他可以将手心向上,两手放在腿上,使手的位置与腹部等高,给面试官一种坦诚的印象,并充分散发自身的自信和气场。

面试就是生活中的一种谈判,在谈判过程中,要想让对方接受自己所说的话,就应该充满自信,配合做出的身体语言也要像说出的话一样让人信服。那么,怎样的手势语言才能被称为彰显自我的手势语言呢?

1. 热情自信的手势

当我们向对方讲述某一问题时,假如非常有把握,一只手就会很自然地伸到一边,手心向上,显得非常热情和自信。这种手势语言是开放式手势,双手会在胸前自然地打开,传达出我们开放和真诚的态度。

2. 有掌控感的手势

我们可以想象双手抱着一个球,用手托住球做出的动作能让我们看起来更有控制力,就如同把事实掌握在手中一样,乔布斯就经常使用这个手势。

3. 尖塔式手势

尖塔式手势,是双手的指尖碰触,但不合掌,就好像用双手铸造了一座塔。尖塔式手势的塔尖不止一个方向,有的朝向天花板方向,有的朝向地板方向,也有的是朝向前方,但这些手势都传达了一个意思,我知道答案。这是一个非常自信的手势。

> **谈判技巧**
>
> 手势是一种无声的语言,也是一种姿态,它能在人开口之前就传达出有用的信息,有时这些信息是无意中传达的,而有时是特意传达的。为了使对方信服,我们可以运用表达自信和自身气场的手势语言,在传达信息的同时表达自己的立场。

第二章

谈判策略巧运用,你说出的每句话都能变成真金白银

谈判如战场,策略如兵法。正如战场上有兵法指引作战一样,谈判人员也要掌握一定的谈判策略才能在谈判场的角逐中占据优势,甚至出奇制胜,让自己说的每句话都能带来实实在在的利益。

一、红白脸策略:"两面派"软硬兼施,撼动对方心理防线

红白脸策略在谈判中非常普遍,主要是利用人们喜欢接近与人为善的人的心理,先用"白脸"制造紧张气氛,挑起冲突,再用"红脸"缓和气氛,平静情绪,一张一弛之间,软硬兼施,谈判对手在不知不觉之间就会选择让步。

红白脸策略的一般表现为:"白脸"先出场,对谈判对手施加压力,提出很多无理要求,而且脾气要大,显得很没有耐心,说话咄咄逼人,甚至和对方发生争吵。等"白脸"带着不愿意合作的心情怒气冲冲地离开以后,"红脸"私下里温和地告诉对方,其实自己的同伴脾气比较暴躁,做事方法也不对,自己非常同情对方,很想提供帮助。有的时候"红脸"不在现场,等到"白脸"离场后才上场和对方沟通。

经过"白脸"暴风骤雨般的洗礼之后,对方会非常心烦,对谈判也没有什么期望了,这时听到"红脸"同情自己遭遇,心理上会获得一种安慰,也就更愿意倾听"红脸"给出的建议。"红脸"会说自己给出的建议是最好的方案,勉强让同伴接受,对方心理上会把"红脸"当作是自己人,与之进行协商的态度就变得很积极。

红白脸策略正是利用这种方法,不知不觉中撼动对手的心理防线。

案例8　企业家和下属唱"红白脸",使客户接受自己提出的价格

一位企业家打算订购20辆货车,他先到了一家汽车厂,与对方的销售经理商谈。企业家一开始就报出了自己愿意接受的最高价格,表示不会再加价。然而,销售经理觉得企业家报出的价格太低,对这个价格非常不满,想要让企业家加价。

企业家生气地说:"我早就掌握了你们的生产成本,以这种价格来算,你们已经赚大了,反正我是不会再加价了!"

销售经理知道他是一个大客户,打算再想办法说服一下,没想到企业家站起来说:"你们的价格水分太多了,要是知道你们这么不实诚,我肯定不会来的!"说完企业家就怒气冲冲地离开了。

这么大的一笔订单就这样飞走了,销售经理觉得非常失望。在他看来,如果企业家把价格再稍微提高一点点,自己也就接受了。

第二天,一个年轻人来找销售经理,他称自己是那位企业家的下属。他文质彬

彬地向销售经理询问了汽车的性能，然后对汽车的性能赞不绝口。过了一会儿，年轻人说："我们老总嫌价格高，不过我们更看重汽车的质量，我说服老板，老板同意我和您再商谈一下，关于价格方面，我尽量给老总提建议，他应该能接受。您看这个价格你们能不能接受……"

销售经理看到年轻人态度非常好，而且报价比之前稍微提高了一些，于是就接受了这笔订单。

要想成功发挥红白脸策略的作用，运用该策略时应注意以下几点。

（1）谈判之前做好分工，由"红脸"做主谈人，而"白脸"打头阵，做好铺垫就可以了，最终协议商定也要由"红脸"完成。

（2）"红脸"和"白脸"要性格分明，"红脸"应该表现得冷静、随和，使人愿意接近；而"白脸"要表现出急脾气的感觉，让人产生抗拒心理，这样对方就更愿意接受"红脸"的建议。

（3）两种角色要事先商量好，不能出乱子，"红脸"要注意把握谈判的条件，出场时也要把握好时机。

> **谈判技巧**
>
> 先是一阵狂风暴雨，继而是和风细雨，让对方的心情大起大落，从失望、绝望转为重新燃起希望，对方为不失去这笔交易，很大程度上会妥协让步。红白脸策略要想运用得当，谈判者就要事先做好准备，两个人分工明确，性格分明，把握时机，奉献给对方一道冷热交加的"大菜"。

二、红鲱鱼策略：故作姿态，用一个不起眼的要求换来重大让步

红鲱鱼是被腌制晾干的鲱鱼，其气味非常强烈，最早在英国被用来保护狐狸。当时，反猎狐组织的主要成员发现，只要他们在狐狸经过的路上放一条红鲱鱼，红鲱鱼的强烈气味就会掩盖狐狸身上散发出来的气味，从而使后面追来的猎犬迷失方向。

后来，"红鲱鱼"被用来形容转移对手注意力的事情，尤其是在公关、宣传方面，人们经常使用红鲱鱼策略，比如提出新的热点话题，将大众的注意力转移到制造出来的这个新热点上。

在谈判时，若要采用红鲱鱼策略，谈判者一般会先提出一个并不重要的要求，再收回自己的要求，作为回报，对方也需要做出一些让步。

谈判心理学
制造强势心理势差的谈判技巧

案例 9 主管要求准时开会但无效果，颁布新规定后下属同意之前规定

梁帅是一个部门的主管，他曾多次要求下属开会不能迟到，但收效甚微，每次开会迟到的人数还是很多。

有一天，梁帅宣布了一个新规定：从即日起，周会改成每周两次，所有人都得参加，且不能请假。这项规定实行以后，在外面跑业务的员工一到开会时间就要放下业务，赶到公司开会。

两个星期以后，所有下属都叫苦不迭，有人对梁帅说："周会能不能改成每周一次？"

梁帅装作很无奈的样子说："没办法，开会要说的事情太多，一次根本就不够用啊！"下属纷纷表态，只要改成每周一次，保证不会再迟到。梁问："如果有人迟到怎么办？"下属回答："一旦迟到，自动交罚金100元。"

就这样，梁帅的部门在以后开会时很少有人迟到，即使有人迟到，也会很主动地上交罚金。很显然，梁帅并不是真的想一周开两次会，也不是为了让下属交罚金，他只是运用红鲱鱼策略让下属自觉遵守准时开会的规定。

在这个案例中，部门主管通过设置一个对自己来说不重要的"红鲱鱼"，即一周开两次会，迟到罚款，以此来转移下属的注意力，然后又收回自己的要求，并促使下属做出让步，达到了自己的目的。

> **谈判技巧**
>
> 假如谈判对手一直执着于实现某个你不能妥协的目标，为了防止出现争执，闹僵气氛，谈判者可以抛出一个无关紧要的要求，吸引对手的注意力，然后再撤去这个要求，重新表述自己对之前问题的态度，对手可能会因为你的让步做出合理的妥协。

三、钳子策略：以小博大，用语言的钳子转动对方的思想

在日常生活中，钳子作为一种工具，作用很大。在使用钳子时，一般要先用钳子夹住物体，然后再用力朝某一方向转动。钳子就像是一个杠杆，具有以小博大的神奇效果。

在谈判中，运用钳子策略，用语言将对方的思想"夹"住，然后让对方的思路朝向某一个方向。这种神奇的策略运用起来并不困难，只要告诉对方"你可以做得

更好"就可以了。

比如，我们有一家食品公司，向各大经销商批发产品。我们给一家经销商打电话，对方认真地倾听了有关产品以及价格的介绍。然而，对方一再表示自己与其他供应商相处得很好，但我们不在意，仍然坚持自己的条件，对方最终表示或许可以考虑我们的产品。

就在我们认为终于成功的时候，对方说："我们现在的供应商确实非常不错，但再找一位后备供应商对我们来说也没什么坏处，这可以让他们感受到竞争的威胁，督促他们做得更好。假如你稍微降一些价格，比如单价12元，我想我们可以先购买一车。"

这时不要妥协，只要冷静地告诉对方："对不起，我想您应该给个更好的价格。"然后闭上嘴巴，沉默不语，任何事情都不要做，对方很可能会立刻做出让步。这种让步被称为"沉默成交"。

只要运用得当，钳子策略一般都能够起到非常神奇的效果，就算没有效果，自身也不会产生任何损失，还可以使对方产生亏欠自己的心理，从而使自己在之后的谈判过程中处于一种优势地位。

当然，由于运用钳子策略非常简单，可能在我们使用的同时，对方也会使用，总不能双方都沉默不语，互相较劲吧？那么，应该如何化解这种尴尬呢？下面的这个案例给出了答案。

案例10　销售代表故意写错字，让客户首先开口打破沉默，竟多赚两万

有位客户想要在房产公司购买一套房子，他和房产公司的销售代表约好在一间会议室中面谈。因为之前有过谈判的经历，所以这次谈判一开始，销售代表立刻提出了关于房产的最新报价，然后就闭上嘴巴，沉默不语。

客户是一位经验很丰富的业务员，他一眼就看穿了销售代表的策略，于是他也和销售代表一样，什么话也不说。就这样，两个人一直僵持着，整个会议室安静得可怕，墙上挂钟那滴滴答答的响声让人觉得刺耳。他们对彼此的想法都很清楚，谁也不想先示弱。

沉默对峙了5分钟后，销售代表终于无法等待下去了，为了打破僵局，他快速地在一张纸条上写下一行字并递给客户。客户看到纸条，发现其中有四个字是"最终绝定"，便不假思索地说："你写错字了吧，这里的'绝'应该是'决'。"

客户的这句话将沉默撕开了一个口子，原来的沉默气氛自然被打破。客户紧接着又说道："这样吧，假如你无法接受我刚才提出的价格，那我再加2万。我只能支

付这么多了，不可能再多一分钱。"

事实上，销售代表正是为了让客户先打破僵局，故意在纸条上把"决"字写错了，就这样一个巧妙的推动，客户就把价格涨了2万。

谈判人员要聪明地先发制人，通过某个能够营造谈判气氛的动作打破沉默，这一动作要尽量引起对方挑起话题，一旦对方开口，其做出让步的可能性就大大增加了。

> **谈判技巧**
>
> 短短的一句话就能产生神奇的效果，"你可以给出更好的价格"就像是一把钳子，钳住对方的思想，使其顺着自己的思路考虑，产生以小博大的效果。这一方法非常简单，对方也可能使用，为了避免双方一直沉默，一方可以率先用某种动作打破尴尬气氛，促使对方说话，从而使对方做出妥协。

四、蚕食策略：步步为营，让对方不断满足你的小要求

当我们想要通过谈判获取自己的利益时，不要妄图一口吃掉一个大胖子，心态要稳，步步为营，稳扎稳打。只要能让对方让步，哪怕是一个微小的让步，也相当于撕开了对方的防御，我们可以继续获得更多的利益。这便是蚕食策略，就像蚕宝宝吃桑叶一样，一小口一小口地分解消化，最后全部吃完。

蚕食策略之所以能够奏效，主要是因为对方对一些微小的让步毫不在意，觉得稍微让一小步也未尝不可，于是接连让步，尽管每一次让步都非常微小，但积累下来，我们获得的利益仍然是不可估量的。

案例11 谈判大师罗杰·道森的女儿运用蚕食策略成功获得想要的礼物

谈判大师罗杰·道森的女儿朱莉娅高中毕业时，想要罗杰·道森送给她一份毕业礼物。她想要3种礼物：为期5周的欧洲旅行，1200美元零花钱和一个新的旅行包。

朱莉娅非常聪明，并没有一开口就提出所有要求。罗杰·道森说，他的女儿是一个天生的谈判高手。

开始时，她只是提出要去欧洲旅行，罗杰·道森同意了，但过了几周，她又告诉罗杰·道森，旅行需要花费的零花钱大概有1200美元，她希望罗杰·道森能满足这个要求。当然，罗杰·道森也同意了。

第二章
谈判策略巧运用，你说出的每句话都能变成真金白银

可就在即将开始旅行时，她又告诉罗杰·道森："爸爸，我总不能拿着这么旧的一个旅行包去欧洲吧？其他孩子都有新的旅行包。"罗杰·道森知道，女儿想买一个新的旅行包，于是又答应了女儿的要求。

设想一下，如果罗杰·道森的女儿一上来就提出所有要求，罗杰·道森很可能会立刻拒绝买新的旅行包，并且减少给女儿的零花钱。

谈判高手总是在提出要求时有所保留，为的是先让对方同意，然后再进行第二次努力，回过头来追加要求。

如果我们正在卖某种设备，想要说服客户购买价格最高的那款，但客户不同意。这时我们不要再坚持说服他，而是先和他达成其他的协议，最后再追加要求："我们能不能再看看最贵的那种？我并不是为每一家公司都推荐这款设备，但按照你们的规模和发展潜力，我认为你们最适合使用这款设备。每个月也只是多花 1000 元而已。"对方可能会说："那好，咱们就这一方面再详细谈谈吧！"

假如我们在销售这种设备时还想要收取额外的服务费，当提出这种要求时，客户可能会说："我们对服务保障不感兴趣。等到设备真的出问题的时候我们再付钱吧。"

这时，我们不想因为收取服务费的事情把这笔即将要达成的交易搞砸了，所以暂时不要再提这件事。当和客户就产品方面达成协议后，在离开前我们可以再说一遍收取服务费的事情："我们能不能再商量一下服务费的问题？如果你们不付服务费，可能会失去保修的机会。如果你们支付服务费，服务费中包含检修费、修理费、技术咨询等各项费用，我们的技术人员会定期过来检修维护设备，这样设备的使用寿命会更长久。这真是非常划算的一件事，不过每月多花费 500 元。"

对方可能会说："好吧，既然你说得如此肯定，就按照你说的办吧！"

为什么会出现这样的结果呢？当谈判处于最后阶段时，谈判过程中双方一直吊着的心终于得到放松。这时对方的大脑放松了警惕性，更容易接受之前不能接受的条件。

因此，当我们想要获取比较大的利益时，为了不遭受对方的拒绝，可以采用蚕食策略。

谈判的双方并非总是实力对等的，有时由于对方实力强大，拥有绝对优势，我们很难争取一个平等的谈判机会。这时，我们要有一种务实的精神，降低自己的期望值，先谋小利，以便和对方建立平等的谈判关系。这是一种聪明而有远见的做法。

蚕食策略之所以有效，在于其心理学依据：做出决定意味着需要改变，意识到

这一点之后，人们会陷入不安和焦虑，直到做出决定，心情才彻底改变，并且对自己的决定充满信心并用一切办法来维护自己的决定。因此，用小要求获得客户的肯定，然后强化客户对自己所做决定的肯定，继续提出小的要求，就这样一点点地获取更多的利益。

> **谈判技巧**
>
> 谈判人员在谈判时切不可狮子大开口，这样得不到肯定的回应。要想成功获得想要获取的利益，谈判人员可以先提出小的要求，使对方同意，然后逐步提出更多的要求。其实，这只不过是将原本打算一次性提出的要求分解成多个小要求而已，但得到肯定回应的机会要大得多。

五、激将策略：让对方吃下"好胜心"和"自尊心"两个诱饵

谈判不仅是双方的唇齿交锋，更是双方机智与理性力量的交锋。一般情况下，理性会在谈判过程中居于主导地位。然而有时感性也会喧宾夺主，促使谈判者做出错误的行为。

激将策略就是要破坏对方的理性思维，将其感性思维推到主导地位，从而使其露出破绽，增加自己的胜算。当然，激将法不是万金油，并非对任何人都适用。通常情况下，激将法主要用于两类人：一类是谈判新手，另一类是经验丰富但自尊心或者好胜心强的谈判者。

案例 12 橡胶厂厂长用语言刺激年轻厂长，对方"一怒之下"购买设备

一家橡胶厂计划生产橡胶鞋，于是进口了一整套现代化生产设备，但由于原料和技术力量的缺陷，致使这批设备空置两年。过了一段时间，新厂长上任，他决定把这批设备转卖给一家制鞋厂。

新厂长先对制鞋厂进行了一次全方位的调查，通过各种渠道获取了重要信息：这家制鞋厂经济实力非常雄厚，但其资金大多投入再生产过程，所以再拿出100万元购买新设备显得有些困难。另外，制鞋厂的厂长很年轻，曾经留过学，但性格孤傲，年轻气盛。

反复权衡这些信息后，新厂长决定亲自和制鞋厂的厂长谈判。下面便是两位厂长间的谈话。

第二章
谈判策略巧运用，你说出的每句话都能变成真金白银

橡胶厂厂长："上午贵厂的车间主任随同我前往厂区和车间看了看，而且车间主任也向我简单介绍了车间的生产情况。说实话，我真佩服你的管理水平，不愧是从国外回来的高才生，企业管理水平真是不一般啊！"

制鞋厂厂长："哪里哪里，您说得太客气了。我们对企业的管理还处在摸索阶段。如果哪里做得不到位，还请您多多指教！"

橡胶厂厂长："我不奉承别人，我刚才说的是实话。短期来看，贵厂没有什么问题，但从长远来看，是否能够继续顺利经营就很难说了。"

制鞋厂厂长一听这句话，脸色立刻变了，满脸的笑容瞬间消失，眉头紧锁，看样子对橡胶厂厂长的说法很不满，也从心底不认同。沉默了一会儿，制鞋厂厂长说："哦？您说说是因为什么？"

"贵厂的生产设备在短期内不会有故障，大概是在5年之内，不过5年之后就没准儿了。我们厂现在有一套设备，至少能够使用10年不出问题。如果把它们转卖给你们，我有两个担忧：第一，我不知道贵厂是否有多余的资金来购买我们的设备，要知道，这一套设备的价格相当于你们现有的这些设备价格的3倍；第二，我不知道贵厂的专业人才中是否有人能够操作和维护这台设备。"

橡胶厂厂长说完这些话以后，制鞋厂厂长的表情更为不悦，感觉自己的经济实力受到了轻视。随后，制鞋厂厂长不服气地向橡胶厂厂长介绍了他们厂的经济实力以及技术实力。最后，双方几乎没有进行谈判，这个转卖的生意就达成了。

就是因为橡胶厂厂长提前知道了制鞋厂厂长的性格，他才能够找到正确的方法刺激对方。在刺激对方之前，他还对对方的管理水平表达了一番赞美之情。这让对方认为他的话非常公正，并不是想要真正激怒自己。因此，激将法的使用也需要一定的技巧。

1. 与谈判内容相关

激将法的运用必须有一个底线，不要展开与对方的隐私或者生理缺陷有关的话题，也不能进行人身攻击，否则这种激怒会给我们的个人形象和公司形象带来巨大的损害。一般来说，激怒对方的话题要和谈判话题有关，比如"信誉""购买力""决定权"等较为敏感的因素，激将法刺激的主要是对方的好胜心而不是自尊心。

2. 不要过度

做任何事情都不能过度，如果过度，好事也会变成坏事。就算激将的话题和方向正确，但激将时使用的话语对对方产生的刺激程度太强，就有可能击垮对方，与当初的目标背道而驰。

3. 重在语言，而非立场

谈判双方有着不同的立场，所以谈判时不能用立场来刺激对方，不然对方会觉得我们是在向他挑衅，对立情绪会更强烈。不管采用哪一种激将法，我们都应该通过语言来实现目的。要想让激将的效果达到最佳，我们说出的话就要合对方的胃口，而不能蛮横霸道。

4. 意图不能太明显

激将法其实是一种出其不意的沟通技巧，当我们用话语刺激对方时，对方一般不会想到我们使用激将法的目的，只有这样才能达到我们的目的。如果对方知晓了我们的意图，很有可能将计就计，自然不会上当，尤其当对方经验丰富、心思缜密时我们更是要小心。

5. 因人而异

激将法的适用对象是职场新人和自尊心强的人，但这些人的性格也各不相同。有些人只需要很少的刺激就可以，而有些人接受的刺激力度较大，所以一定要摸清对方的性格、脾气，有针对性地运用激将法。

案例 13　乔布斯用激将法激发斯卡利的远大抱负，成功将其招致麾下

1981年8月，电脑业界的巨人IBM推出了个人电脑PC，只用了两年的时间就超越了美国苹果公司的销售额，使苹果公司在经历最初5年的辉煌发展之后首次面临挑战。

为了与IBM对抗，苹果公司创始人史蒂夫·乔布斯决定广纳贤才，第一个想招聘的就是百事可乐总裁约翰·斯卡利。乔布斯让斯卡利出任苹果公司的CEO，希望他可以让年轻的苹果公司重振威风。

不过，乔布斯与约翰·斯卡利谈了很多次，斯卡利不为所动。最后，乔布斯说出了这样一句话："假如你继续在百事可乐任职，5年后你只不过多卖出了一些糖水，但到苹果公司，你改变的却是整个世界。"

这是一句激将话，但使约翰·斯卡利深受感动。约翰·斯卡利很快就接受了邀请，出任苹果公司的CEO。

乔布斯多次邀请斯卡利未果，便对斯卡利说出"只不过多卖出一些糖水"这样极具刺激性的话，一瞬间就激起了约翰·斯卡利改变世界的远大抱负。乔布斯没有忘记夸赞斯卡利的实力和潜力，认为他只是没有更具发展空间的平台，坦言苹果公

司能够让他改变整个世界。如此具有激情的话,怎能不让对方激情豪迈!

俗话说:"请将不如激将。"在谈判过程中,如果我们可以抓住对方的兴趣点和心理敏感处,巧妙地进行激将,谈判就会轻松许多。

> **谈判技巧**
>
> 如果对方的理性居于主导地位,对我们的各种说服和推荐都具有免疫力,这时最好运用激将法,用具有刺激力的话语激发对方的好胜心和自尊心,使其感性思维逐渐占据主导地位,对方就会不由自主地按照我们的计划前进。

六、声东击西策略:掩盖真实意图,用假靶子套出对方真实信息

声东击西是一方为达到某种目的或者需要,故作声势地将当前谈论的话题引导到其他不重要的话题上,使对方产生错觉。之所以要这样做,就是为了掩盖真实的动机,因为一旦对方识破意图,再想实现目的就比较困难了。只有在对方毫无准备的情况下,才容易实现目标。

案例 14 进口商坚持供应商 75 天交货,却以降价和转移运费为条件成交

胡凯经营着一家外贸公司,这几年公司不断壮大。胡凯一直想和欧洲的一个进口商合作,在几乎两年的时间里,他一直给对方公司打电话,希望可以促成双方之间的合作,但对方似乎没有更换供应商的意愿。

不过,长时间的坚持在某一天获得了回报,对方的采购员说,胡凯只要答应他们公司的条件就可以给他一个大订单。这个条件是胡凯的公司必须在 75 天内交货,而业内交货时间一般都是 90 天。

胡凯立刻和工厂交流了意见,厂方十分肯定地告诉他,90 天完成任务就已经很不容易了,而且如果客户不继续下单的话,胡凯还需要承担额外的 2 万元的模具费用。胡凯和厂方沟通了多次,厂方的答复一直是短时间无法完成供应。

"至少需要 90 天时间,提前一天都不行,就算是丢了这个订单也没办法。"工厂明确地告诉胡凯。

于是,胡凯只好转回头继续和客户展开谈判。

胡凯对外国的公司说:"第一个集装箱的货款是 20 万美元,并且需要支付

额外模具费用2万美元，而我最快的交货时间是收到定金后的90天"。

对方采购员坚持要求75天内收到第一批货，不然他们公司无法在规定时间内完成工程项目。

就目前的情况来看，胡凯和对方的公司都有达成交易的诚意，但谈判似乎陷入了死胡同，无法找到双方都能认同的解决方案。

最后，对方公司的采购员说："我和物流部门商讨一下，看他们有没有什么解决的办法。"

这时胡凯的脑袋似乎成了一团糨糊，失去这笔订单的结果一直在他的脑海里回荡。

第二天晚上，对方发来消息说："我们找到了一个解决问题的办法，不过需要你的帮助。物流部门说，我们可以把货物从码头仓库直接快运到西班牙，我们的工厂就在那里，这样就可以赶得上工期。但这样做会使我们额外多支付一些运输费用，所以我希望你稍微降低一下价格，并承担多出来的这些运输费用。"

胡凯见这一次的交易终于能够实现，没有多加考虑便做出了让步，双方达成交易，而胡凯也松了一口气。

然而，几个月后他才明白，对方的公司原来使用了声东击西策略。有一次，胡凯和某位业内好友在一起聊天时得知，好友也与那家进口商合作过，于是好友询问他是如何开始与那家公司合作的，胡凯告诉他事情的详细经过。

这时胡凯的朋友告诉他："他们耍花招了，那是一家规模非常大的公司，对于重大的工程项目总是会留出富余的时间，不可能急需供应商在75天交货。"

这时胡凯才恍然大悟，其实送货时间根本不是问题，对方的公司完全可以等待90天，而他们之所以说时间紧急，其实只是一个借口，就是为了让胡凯降低费用，支付运费。

在与客户的谈判过程中，我们可以先隐藏自己的目标，将次要问题渲染成重要问题，并让对方觉得占了便宜，而自己的让步也很勉强。假如我们能很熟练地运用这种策略，可以使自己免受重大的风险，并占据一定的优势。

> **谈判技巧**
>
> 和对方谈判，如果自己的真实意图被对方知晓，那么运用再精妙的技巧也无济于事。这就要求我们在谈判时灵活转移对方的注意力，尤其是在双方产生僵局时，通过运用声东击西的策略，可以使自己在暗处悄无声息地达到谈判的目的。

七、金蝉脱壳策略：不得不做出让步时，说一声"这事我无权决定"

金蝉脱壳是三十六计中的一计，一般指制造或利用假象脱身，使对方不能及时发觉。在谈判桌上利用金蝉脱壳策略，就是在难以接受对方的条件时亮出自己的一张"王牌"——职权有限。

当我们对对方说"这事我无权决定"时，哪怕当时对方的攻势再强，也不能让我们当场做出决策。通过运用这一策略，我们可以得到喘息的机会，可以暂时离开谈判场，为自己谋划应对策略。在这一过程中，"这事我无权决定"就是我们所脱下的"壳"，不管真假，都是可以暂时脱身的理由，以避免向对方做出无法承受的让步。

不过，这一策略有其必然的劣势。如果直截了当地使用这一策略，该策略就会显现出其危险性。要想使谈判顺利地进行下去，双方应该以共赢的态度对待谈判，共同交换条件，共同得到满足，共同做出让步。假如自己没有权力，对方可能会这样想：无论双方的谈判人员达成何种一致的意见，他们的老板都可能不会认可这种结果，我还得进一步让步。对方产生这种想法以后，谈判要想继续进行下去就很困难了。

因此，不管哪一方表明"这事我无权决定"，都会破坏并干涉另一方让步的速度和方式，也就削弱了自己获取利益的可能，使本来简单的谈判变得复杂化，所以不到万不得已，不要说出这句话。假如我们想利用这句话来愚弄对方，这种人为的障碍一旦被发现，自己的利益也会受损。

我们可以把谈判桌比喻为一个激烈的角斗场，一方获取较大利益，则意味着另一方做出让步，谈判失败。每一位谈判人员都希望自己这一方可以赢得谈判的胜利，但谈判场上风云变幻，自己实力再强，难免会遇到更强大的对手，被对方压制得难以翻身，无法反击，被迫做出难以忍受的让步。在这种情况下，当我们不想做出让步，而又不想与对方发生冲突时，不妨应用"金蝉脱壳"的方法，让自己暂且脱身以便寻求对策。

案例15　谈判代表无法继续让步，用金蝉脱壳策略做好准备之后挽回局势

刘旺作为公司的谈判代表，与一家早已合作多次的原材料加工企业进行谈判。谈判刚开始时，局面非常平稳，刘旺一方势在必得。

由于双方合作多次，所以此次谈判主要是围绕价格展开。第一轮谈判时，双方就价格讨价还价并没有达成一致意见，但谈判的气氛很友好、轻松。

然而，刘旺在接下来的谈判过程中出现策略上的失误，致使对方逐渐掌握了谈判的主动权。这时，对方的立场逐渐变得强硬起来，谈判时的表现越来越强势，催促刘旺一方做出让步。

谈判进行到后期时，刘旺已经做出了很大程度的让步，但对方仍旧希望刘旺继续做出让步。对方一直在进攻，刘旺无法反击，一时之间没有了主意。

这时，对方的谈判代表说："刘代表，我想您该做出最后的决定了吧？"

刘旺说："我还需要再考虑一下。"

对方认为刘旺现在的心理压力很大，因此又对他说了一些具有压迫性和威胁性的话，企图压垮刘旺最后的心理防线。不料，刘旺突然说："我已经十分清楚贵方的态度，但最后的决定我无法做主。"

"为什么？！"对方代表问。

"因为我没有这个权力，我必须请示经理，让他来做这个决定。"

对方代表有些疑惑，他不知道刘旺这番话是真的没有权力做出决定还是缓兵之计所说的托词。"刘代表，我们两家公司之间已经合作多次，之前谈判从未出现您这样的情况，都是当场达成协议的。"

"任何情况都有可能发生变化，以前的谈判局势与现在的不一样。我职权有限，没有在最后做出决策的权力，因此我不得不回去请示经理，再给您答复。"

对方代表建议道："您现在就打电话请示经理吧！"

"这么重要的事情，不能仅仅通过电话来处理。"刘旺说道。

由于刘旺始终坚持自己没有权力做出最后决策，对方公司的进攻便卡在这一步，只好在没有结果的情况下让谈判暂时告一段落。

回到公司后，刘旺又进行了更充分的研究，想好了应对措施，终于在新一轮谈判中挽回了局势，取得了一个不错的谈判结果。

第二章
谈判策略巧运用，你说出的每句话都能变成真金白银

在这个案例中，刘旺所使用的方法就是金蝉脱壳，当刘旺提出自己无法做出最终决定时，对方就这一问题追问，要求他解释原因，并质疑他这么做的动机，甚至要求刘旺立刻与经理电话联系做出决策。

这些细节反映出一个问题，即运用金蝉脱壳的策略并不是一件容易的事情，会受到对方的质疑。而且，尽管我们可以运用金蝉脱壳策略，使谈判暂时告一段落，并利用这段时间想好应对的措施，但对方同样也可以在这段时间内调整对策，增强实力。所以，即使开展新一轮的谈判，我们也有可能无法挽回之前的颓势。

因此，我们要想成功运用金蝉脱壳策略，一定要懂得随机应变，及时应对新问题，控制住局势，才能成功地从谈判中脱身。

> **谈判技巧**
>
> 当我们在谈判时被对方压制得无路可退，无法再做出进一步让步时，我们可以向对方表示自己无法做出决定，运用金蝉脱壳策略脱身，以寻求更好的应对策略，从而挽回不利局面。不过，这一策略不能随便使用，只限于谈判陷入被动而又不能继续让步的时候。

八、欲擒故纵策略：摆出成不成无所谓的态度，让对方主动做出让步

人们越是在意某样东西，就越愿意为此付出更多的代价或成本。谈判时，一旦我们流露出渴望成交的神情时，对方可能会加价，吞噬我们的利益。因此，谈判时，我们不妨运用欲擒故纵策略，对于想要达成的交易谈判，故意通过掩盖措施，让对方误以为我们对此并不在意，摆出一副成不成无所谓的态度，从而压制对手开价，确保在预期条件下成交。

运用欲擒故纵策略时，我们必须保持不冷不热、不紧不慢的状态。比如，谈判的日程安排不要过于紧凑；当对方表现得激烈强硬时，我们要让其表现，用平静的态度与之交流。

当然，运用欲擒故纵策略时，我们营造出来的假象一定要逼真，足够让对方相信才可以达到目的。通常情况下，人们对于偷偷得来的信息总是非常信任，认为这种信息一定错不了。因此，想要传达的信息最好通过非官方、非正式渠道传播，以使对方更加坚信我们的态度。

欲擒故纵，其立足点在"擒"，而重点应在"故纵"。具体来说，要从以下几个

角度入手。

1. 态度

作为谈判人员，要对谈判对手保持一种不冷不热的态度。当然，这种不冷不热的态度也要有礼貌，只是表现出对人对事不急于求成，不过于殷勤。说话时要表现出一种无所谓的感觉，让对方知道我们的态度是"随你便""不勉强"。

2. 进度

不急于求成的另一种表现形式便是放任谈判进度，不赶时间，在谈判期间非常轻松自然。假如对方想要加快谈判进度，我们可以奉陪，但自己绝不主动加快谈判节奏，这样会让对方感觉到我们的深不可测。

3. 挑火

我们不仅要"纵"，还要适当地拱火，不然"纵"的时间一长，对方对谈判的投入就会有所减少。我们可以用分析、结论性的评语点出对方的长处和竞争优势，挑起对方成功的期望，比如"很可惜，贵方的竞争力其实挺强的，但贵方似乎没有合作的意愿，以后我们再合作吧！"

案例 16　日方使用拖延战术，中方佯装放弃谈判，最后等来日方的妥协

作为中国某企业的业务代表，王宏宾和几位同事应邀到东京参加有关销售协议的谈判。

王宏宾不到30岁，在一行人中是最年轻的。日商代表看他非常年轻，不免有些轻视，不过经过几轮谈判，日商代表开始对王宏宾另眼相看。

年轻的王宏宾绝对是一个谈判高手，他死死地守住每件商品2000元的报价，丝毫不肯让步。不管日商代表谈论什么话题，王宏宾总能巧妙地回到之前的价格上。

王宏宾如此老练，同样经验丰富的日商代表便玩起了拖延战术。在之后的谈判阶段，日商代表几乎不再和王宏宾谈论价格条款，而是尽可能地拖延时间。

王宏宾和同事们的谈判期限马上就要到了，假如此次谈判失败，他们回去无法向领导交代。王宏宾心里很清楚，日商代表是在故意拖延。虽然他很着急，但依旧不动声色。他知道这批货物是日方很需要的产品，谈判之前他就已经了解到这一情况，所以他有把握日方一定会签订这个协议。

等到谈判的最后一天，日商代表仍旧不肯让步。最后，王宏宾不无可惜地说："看来我们在日本的生意做不成了，明天我们会飞到香港谈判，我们的产品在那里非常受欢迎。希望我们以后有机会再合作！"

第二章
谈判策略巧运用，你说出的每句话都能变成真金白银

王宏宾和同事们与日商代表告别之后回到了下榻酒店，晚饭时间一过，日商代表打来电话，要求和王宏宾再谈一次。王宏宾这才亮出底牌："我们也很想和贵公司合作，而且已经向公司总部发出申请，每件商品我们可以优惠50元！"

日商代表不再讨价还价，立刻就与王宏宾签订了订货合同。

欲擒故纵策略其实就是采取逆向行为，让对方得到一个虚假的信息，从而使其自乱阵脚。不过，采取这种策略时一定要沉得住气，否则很容易露出破绽，被对方识破，把事情搞砸。

> **谈判技巧**
>
> 在运用欲擒故纵策略时，我们要表现出一种无所谓的态度，使对方无法看清我们的真实意图，从而乱了阵脚。我们越是不在乎，对方就越在乎。假如我们沉不住气，就很有可能被对方识破，而我们就可能从主动转为被动。

第三章

坚持谈判原则，
紧紧抓牢谈判主动权

只有抓牢谈判主动权，我们才能把握谈判的方向，确保谈判的胜利。这就要求我们坚持原则，在情绪、语言、底线、思维等方面不被对方左右，坚持自己的方向不动摇，在任何场合都控制住谈判的主动权。

一、认定谈判的目标，不要把无关干扰当回事

在谈判过程中，我们要始终坚定谈判目标不放松，把所有的注意力和精力都放在当前要解决的问题上，不受对方任何行为的影响。为了分散我们的注意力，对方有可能会做出非常奇怪的举动，假如我们的控制力不强，很容易被对方的举动影响，掉入对方设下的陷阱里。

大多数谈判并不会立刻达成一致，很多时候谈判双方是在进行一场耗费时间的拉锯战，唯有对方真正做出实质性的让步进而获得谈判胜利才是最重要的，其他的都不重要。在此期间，对方做出的无关紧要的行为都要无视，不要让它扰乱我们的思维。

假如一位谈判代表从国外谈判归来，一见到总经理就抱怨："那些家伙实在是太嚣张了，我无论怎么做都没办法和他们达成协议，所以我终止了谈判，提前回国了。"那么这位谈判代表的谈判水平一定不高，因为真正的谈判高手不会受到对方的人品和道德等因素的干扰而影响谈判。假如遇到类似困境，他们会用激励自己的话来调节自己的心理，比如"今天和昨天相比，谈判有了什么进展吗？"

案例17　经纪人只关注了对方愤怒，却忽略对方同意降价30万美元

一位地产商人打算在加利福尼亚购买一块地皮。这块地皮的所有者是一群不动产投资商，他们给出的报价为180万美元。地产商人清楚，要想在这块地皮上获得盈利，他必须以低于180万美元的价格拿下这块地皮。

他找到一家不动产经纪公司，让其代替自己报价，这也是为了试探一下不动产投资商的底线。如果第一次报价失败，自己再出面谈判还有挽回的余地。当不动产经纪人听到他打算出价120万美元时，简直不敢相信自己的耳朵，认为对方一定不会答应，不过地产商人还是让他去尝试一下。

没一会儿经纪人就回来了，刚一见面就抱怨："今天的遭遇真是一场噩梦！他们把我带到一间非常大的会议室内，我把报价单交给他们以后，所有投资商都认真地审读报价单。不仅如此，会议室内还有他们的会计师和律师。当我把报价告诉他们时，一位负责人立刻打断我的讲话，生气地说：'等一下，你说出价120万美元，这整整比我们的报价少了60万美元，真是开玩笑，这不可能！'他说完这一句话，就

咆哮着离开了会议室。"

地产商人问:"然后呢?"

经纪人说:"其他的投资者和高管也陆续离开了,但有一位资历比较老的投资人走到门口时又停了下来,转过头对我说:'小伙子,最低150万美元,这是我们能接受的最低价了。'这次谈判真是太尴尬了,以后我可不能再这样报价了。"

地产商人注意到其中一条非常重要的信息,急忙问道:"等一下,你的意思是说,在这么短的时间内,他们就降低了30万美元,是吗?这不就是一个非常了不起的成果吗?"

尽管谈判的过程非常重要,但我们不能因为谈判过程中的一些干扰因素而忽视谈判结果。与美好的结果相比,谈判过程中出现的小插曲也就不那么重要了。在这个案例中,不动产经纪人只注意到对方的情绪,却没有意识到对方已经降价的事实,而地产商人却注意到了,从这一方面来看,这次谈判还是很成功的。

由于不同的人看待问题的角度不同,同样的一场谈判,同样的结果,在不同的人看来却有不同的感受。很多谈判者在这方面犯过错误,就是因为他们很容易被对方的情绪误导,无法将注意力集中到当前问题上,导致出现诸如误判形势、错失时机等错误行为。

与对方的情绪相比,自己的情绪变化更容易影响谈判结果。人们总会有自己的脾气,所以再高明的谈判人员也难免会在谈判过程中大动肝火,关键问题是如何看待自己的情绪,如何调整自己的情绪。

当面对他人的挑衅、侮辱、暴躁等行为时,几乎每个人都会愤怒,但专业的谈判高手会克制自己的情绪,不会做出拍桌子愤然离席的行为,因为他们知道自己在意的不是对方的情绪和行为,而是谈判本身以及谈判能够带来的利益。

> **谈判技巧**
>
> 真正的谈判高手一定会坚定自己的谈判目标,不会被对方的情绪和不良举动所影响。尽管每个人都会有自己的脾气,但谈判高手会克制自己的情绪,关注能够从谈判中获得的利益,从而一步步走向成交。

二、谈判不能意气用事,坚持客观才能心平气和地达成一致

谈判双方一直是围绕着利益在做沟通和交涉,有时难免产生分歧。我们希望对方报价低一些,对方却不想降价;我们希望对方能提前发货,而对方则希望能够尽

第三章
坚持谈判原则，紧紧抓牢谈判主动权

量晚一些时间发货。尽管谈判双方都可以接受双赢，也在努力调和彼此的利益分配，但是这样的矛盾还是会层出不穷的。

为了解决这样的分歧，每位谈判者都有不同的处理方案，有的谈判者会自动调整方案，有的谈判者希望对方让步，而有的谈判者则表现得非常大方，主动做出让步，为的就是获得对方的认同。每一种处理方案都要考虑各方愿意接受什么。假如完全按照自己的主观想法来揣测对方的意愿，谈判肯定会充满"硝烟"。因此，不管是正式场合的商务谈判，还是非正式场合的谈判沟通，都需要引入客观标准。

客观标准指的是依照原则解决问题，而不是意气用事。谈判双方都应该把焦点集中在事情的是非曲直上。谈判时，谈判双方只有坚持客观标准，依照原则展开争辩，才能形成愉悦的谈判氛围，更有利于达成一致。

案例 18　麻省理工提出经济模型，美印双方谈判有了客观标准，达成一致

在海洋法会议中，印度提出对在深海海床采矿的公司，每个采矿点征收 6000 万美元的开发费。美国对此表示反对，认为不应设立开发费。双方在这一问题上产生分歧，结果谈判变成了一场意志的较量。

这时，美国麻省理工学院开发了一套深海海床勘探的经济模型。该模型逐渐被谈判各方所接受，认为它是客观的，为评估收费提案对勘探经济的影响提供了手段。

印度代表问自己的提案会产生什么影响，得到的答案是：如果按照他们的提议，在开始盈利前 5 年偿付如此高额的费用，任何采矿公司根本不可能开发矿产，因此印方只好宣布重新考虑自己的立场。

美方也从麻省理工学院的这套理论中了解到自己立场的错误，因为这一理论指出，征收一定的开发费在经济上是合理的。这样，美方也改变了自己的立场。

没有人妥协，也没有人示弱，经过长时间的谈判，谈判各方达成了一项大家都觉得满意的临时协议。

麻省理工学院的经济模型增加了达成协议的可能性，减少了付出巨大代价的立场之争。它提供了更好的解决方案，既吸引矿产公司开发矿产，又能让世界各国获得可观的收益。

有了这样一个能预测任何提案后果的客观模型，使谈判各方相信他们达成的临时协议是公正、合理的，这也巩固了谈判各方之间的关系，使达成永久性协议变得不再困难。

如果谈判涉及多方，立场就会变得更加复杂，更不利于一致意见的达成，这个时候就需要采用客观标准，避免现场吵作一团。既然客观标准如此重要，那么该如

37

何制订客观标准呢?

（1）客观标准必须公平。客观标准不能受到各方意愿的干扰。为保证最后达成协议的公平，客观标准要做到不受任何一方意愿的干扰，而且要合乎情理，切实可行，至少从理论上对双方都适用。因此，可以运用对等原则来判断客观标准是否公平。对等原则就是站在对方的角度考虑，看其是不是也认可这个标准。

（2）程序必须公平。当出现利益冲突时，为了得到不受意愿干扰的结果，需要利用公平程序解决问题。在考虑程序方案时，双方可以参考其他解决分歧的基本方法，如排序、抽签、由他人来决定等。另外，倾听业内权威专家的意见甚至请其为分歧做出裁决也是一种比较常见的方式。

一般来说，谈判时的客观标准并非只有一项，而是很多。例如，当汽车出现事故，车主与保险公司商谈赔偿额时，衡量汽车价值的标准就有很多：原车价格减去折旧、更换新车的费用、法院判定的该车价值等。为了使谈判公平、公正，客观标准要由权威的第三方出具。

确定客观标准以后，还要运用合理的方式与对方讨论这些标准。此时，要记住以下三个基本点。

1. 和对方一起寻求客观标准来解决每一个问题

尽管我们与对方存在相对立的立场，但我们可以为双方设立一个共同的目标，只要对方认可了这个标准，协议很快就能达成。

例如，我们正在寻找搬家公司，打算让其帮助我们把一大堆家具搬走，听到对方开价后，我们不妨开门见山地说："我觉得你们的报价有点儿高，和我的预期差得太多，咱们再好好商量一下，看能不能找到一个公平、公正的价格？"我们提出来的要求是找到一个公平、公正的价格，这是我们和对方的共同目标。只要对方认可我们提出来的要求，令双方都满意的价格也就出现了。

总之，我们应该和对方共同认可客观标准，而不是一方强加，而且该标准应该可以解决所有的分歧，而不能每遇到一个新的分歧就要设立新的客观标准。

2. 接受对方的合理劝说，在两个标准之间妥协

不管我们事先做了多么充足的准备工作，也有可能无法说服对方，而被对方说服。虽然谈判要建立在客观标准之上，但这并不是说双方都要坚持我们这一方的标准，因为对方的标准很有可能更科学、更合理，这就需要双方在两个标准之间妥协。

3. 坚守原则，不屈服任何人的压力

要想让我们改变主意，对方可以向我们摆出自己的客观标准，只要我们认为合

理，便可以相应地做出调整。但假如对方用威胁、贿赂等不良手段，我们就必须坚守原则，捍卫自己的立场，决不妥协。假如对方一意孤行，就不要继续谈判了，也不用为损失客户而难过，因为一旦妥协，潜在的损失只会更大。

> **谈判技巧**
>
> 谈判时要有理性思维，依据客观标准与对方洽谈，切不可意气用事。在确定自己的客观标准之后，还要与对方讨论这些标准，制订共同目标。如果对方的客观标准更科学，我们可以做出妥协；但如果对方用非常手段进行压迫，我们则应该坚持原则，决不妥协。

三、换位思考，知己知彼才能取得谈判优势

当谈判双方产生冲突时，换位思考可以让谈判者避开问题的冲突点，缓解双方之间的对立情绪，用一种更加实际而自我反省式的方式解决分歧。

换位思考就是设身处地为他人着想，想人之所想。在谈判中，就是让自己站在对方的角度来看待整个谈判过程，分析自己提出的条件或者做出的行为会给对方带来怎样的影响，从而使自己更加真切、全面地考虑对方的需要，并根据对方的需要调整谈判的节奏。

其实不管是在商业谈判还是在沟通交流中，只要我们具备换位思考的意识，往往会有意想不到的收获。

案例19 求职者换位思考，在众多求职信中引起甲骨文CEO的注意

甲骨文公司CEO拉里·埃里森曾在报纸上刊登过一则招聘启事，他想要招聘一名秘书。结果几百封求职信纷至沓来，但信的内容都差不多："我叫×××，今年××岁，我认为自己非常符合您对秘书职位的要求，很希望获得这份工作……"

不过，有一封信却与众不同，这封信这样写道："敬启者：您的招聘启事肯定会很快收到非常多的求职函，您一定非常忙碌，不太可能完全阅读这些信件。因此，如果可以的话，我很乐意帮您整理这些信件。我曾做过5年秘书……"

拉里·埃里森看到这封信后非常高兴，立即打电话通知这位求职者，让她第二天上班。在谈到为何聘用她时，拉里·埃里森解释道："她是一个为他人着想的人，像她这样的员工，不管在哪个公司都会受到欢迎。"

谈判心理学
制造强势心理势差的谈判技巧

换位思考要求双方都能站在彼此的立场上看待问题，这样就会多一些理解和宽容，改善彼此之间的关系。可以这样说，换位思考就像是促进谈判者关系的润滑剂。那么，如何培养自己的换位思考能力呢？

1. 学会转变自己的角色

谈判高手一般会很快进入自己的角色，明确自己的目标，尽最大可能实现利益最大化。不过谈判者也要具备迅速转变角色的能力，把自己想象成对方，按照对方的思路考虑问题，并提前想好对方需要什么，在谈判时适当地满足对方的需求，以便赢得其信赖。

2. 在谈判中适应对手的需求变化

谈判高手的核心素养之一便是适应对方的需求变化。要想具备这种能力，就必须勤于练习，不断学习，不仅要锻炼自己的谈判思维，还要增加自己的知识储备，两者缺一不可。

> **谈判技巧**
>
> 谈判者都想为自己争取最大的利益，但由于立场不同，谈判双方难免会发生冲突，谈判进程也会因此受到影响而停滞不前。因此，谈判双方要学会换位思考，站在对方角度看待问题，想对方之所想，赢得对方的信赖，谈判就会顺利很多。

四、立足双赢，维持谈判大局

为了争取最大化利益，谈判双方难免会发生争执，产生对抗情绪。假如谈判双方丝毫不动摇，坚持自己的立场不妥协，谈判就会迅速以失败告终。想通过谈判获取利益无可厚非，但现在双赢意识越来越深入人心，已经潜移默化地成为谈判双方维持健康关系的共识。

双赢谈判就是将谈判看作双方建立合作关系的起点。在谈判过程中，双方要化解固有的矛盾，尝试与对方建立伙伴式的关系，共同找到满足双方需要的方案，保证双方互利共生，使双方的整体利益最大化。可以这样说，一个良性、健康的谈判正是竞争与和谐的统一。

进行谈判的双方很少只合作一次，更多的时候是进行长期合作。任何生意都存在风险，做生意的人非常注重规避风险，而长期合作就是规避风险与获取长远利益的最佳途径。只有实现双赢,各方的利益才能获得根本性的保障,才能够创造更多的合作机会。

既然双赢如此重要,那么如何实现双赢呢?

1. 拟订一个双赢的谈判计划

从一开始制订谈判计划时就要把双赢放在心上,以双方的共同利益为基础,再想办法增加自己的利益。谈判时,要将原则性和灵活性都发挥出来,不要一味地坚持自己的立场,片面追求个人利益而导致整个谈判失败。谈判前我们就应该明确双方立场,主动以双赢的姿态开展谈判。

2. 追求共同利益

既然谈判双方能够坐在谈判桌前进行谈判,就说明双方存在共同利益。只要能够保持客观的态度和长远的眼光,谈判双方是可以发现共同利益的。

追求共同利益不仅可以推动谈判的顺利进行,也有利于增强双方的长远合作关系。只要双方展开合作,未来可能会产生更多的共同利益。

案例 20　吉利全资收购沃尔沃,双方达成双赢,各自获取最大化利益

2010 年 8 月,吉利控股集团完成对沃尔沃轿车公司全部股权的收购。随着吉利和沃尔沃资产交割顺利完成,中国汽车行业最大的一次海外并购终于画上了一个圆满的句号。

双方经过这次并购谈判实现了双赢。吉利收购沃尔沃的原因主要有三点:一是渴望拥有沃尔沃的技术和专利,增强本土汽车的技术实力;二是用沃尔沃填补顶级豪华品牌的空缺,提升吉利行业内的品牌竞争地位;三是学习沃尔沃的营销策略,便于未来走向世界。

而沃尔沃也从这次并购中获得了利益,沃尔沃旗下的轿车业务一直处于亏损状态,要想走出困境,最大的机遇就是借助中国市场。

谈判心理学
制造强势心理势差的谈判技巧

因此，吉利在与沃尔沃的谈判过程中，能够与沃尔沃达成双赢，彼此从技术、品牌和市场上都获得了最好的结果，而不是牺牲某一方的利益而满足另一方。

3. 善于倾听他人的意见

大多数谈判者都是站在自己的立场与对方交谈，但有些谈判者也会站在对方的立场提出一些自己的看法。在听到对方的意见时，我们不能不假思索地拒绝，这样只会将谈判搞得一团糟。尽管我们在谈判之前已经制订好了谈判计划，但还是会有出现偏误或者漏洞的可能性。因此，倾听对方的意见，尤其是那些年龄或者资历比自己老的谈判对手的意见，可能会对整个谈判进程产生有利的影响。

4. 谈判结束后给对方一些好处

谈判结束后，我们可以再给对方一些好处，但并不是指价格确定之后再给对方打折。如果我们这样做了，对方不但不会感激，还会觉得自己上当受骗了。在超市里买东西时，柜台会根据消费积分赠送一些小礼物，作为消费者的我们肯定会觉得占了便宜。谈判中也是如此，我们可以编一些借口，承诺给对方一些特别服务之类的好处，激发起对方"占便宜"的心理。这样一来，即使在正式谈判的过程吃了一点儿亏，对方也不会觉得自己谈判失败。

> **谈判技巧**
>
> 作为谈判人员，我们肯定要为实现公司利益最大化而想尽办法，但这并不意味着与对方形成完全对立的立场，双赢才是谈判的最佳状态。谈判双赢使双方的整体利益最大化，这就要求双方追求共同的利益，换位思考，善于倾听彼此的意见，使双方在谈判结束后都能满意而归。

五、浓缩的都是精华，三言两语说清道理

我们在谈判时一定要照顾到对方的心理感受，滔滔不绝，不给对方说话的机会肯定是不行的。因此，谈判时我们要语言简洁，给对方留出说话的时间。这不仅是尊重对方的表现，也更能体现自己的语言能力，用简练的话语说清道理。

那些获得成功的谈判者，往往不在于说话的多与少，而在于说话有没有道理，能不能说服人。俗话说"话不在多而在理"，只要讲得在理，哪怕只有一句话，也能达到很好的沟通效果。

很多人在表达自己的意见时，很想把心中所有想说的话都说完，但他们常常忽

略了这样一个问题，那就是话说得越多，效果却越小。对方在听我们说话时，常常只能听进少量的几句，如果重复过多的大道理他们会很排斥，根本不想去听。结果我们在那里啰唆了一大堆，对方却什么也没听进去。

马克·吐温曾去参加一场募捐活动，刚开始募捐者的演讲令他十分感动，他决定在募捐者演讲完之后捐款。然而，10分钟过去了，募捐者仍未结束演讲，话越说越多，语速越来越快，马克·吐温有些不耐烦，决定演讲完之后只捐少量的钱。又过了10分钟，募捐者仍然在演讲，马克·吐温决定不再捐款。最后不知道过了多久，募捐者终于走下讲台，结束了演讲，而马克·吐温非常气愤，不仅没捐钱，反而还从募捐箱里偷偷拿走了2美元。

马克·吐温当然不是存心想要那2美元，如果不是募捐者再三拉长演讲时长，一再挑战他的容忍极限，或许他早就捐了一大笔钱了。从这个案例中可以看出，哪怕一个人说的话再好也未必能打动人心，不简练的话语很有可能会起到反作用。

有道理的话越精炼越有效，通常是三言两句即可。当我们向对方讲道理时，切记话不要太多，而且要有理。

> **谈判技巧**　话语简洁不仅能提高谈话的效率，也能体现出对对方的尊重。谁都不想听别人讲大道理，如果我们不给对方留出时间来表达他们的观点，对方就会很厌烦，双方之间的谈判也就很难达成一致。

六、莫让理智迷失在急切的心情中

如果谈判双方暂时没有达成一致，彼此立场不同，难免会出现一些争执，但谈判并不是吵架，大吼大叫、冲动恼怒解决不了问题。谈判中，最忌讳的事情是谈判者内心慌乱、言语过激，说话前言不搭后语，频频出现错误。

对方的不同立场有时可能会激怒我们，如果我们通过激动地大声吵闹和对峙来发泄心中的怨气，这正好给对方提供了机会，可能会使自己陷入被动。

因此，即使谈判形势再危急，我们也要控制好自己的情绪，喜怒不形于色，不让对方在心理上占据优势，与此同时积极寻找对策，伺机反击。

案例 21　业务经理放纵情绪发作，与客户激烈争吵，丢掉客户和工作

刘旺是一家贸易公司的业务经理，有一次他代表公司与一家已经合作过多次的公司进行商业谈判。不过，这一次谈判很快就出现了一些问题，双方在价格方面产生了很大的分歧。

刘旺十分生气，自己出的价明明符合市场行情，但对方认为刘旺出价太高，做人有些不地道。

刘旺忍无可忍，于是顺嘴回了一句："我做人地不地道我自己清楚，不是由你说了算的！"

对方代表听了这话突然站起来，来到刘旺面前，愤怒地大声说："我们之前合作过多次了，真没看出来你这么唯利是图，一点儿都不讲究情面！你都这样了我有什么理由说你做人地道？"刘旺怒火中烧，头脑一发热，与对方互相叫骂起来，还差一点儿动起手来。

谈判自然进行不下去了，双方不欢而散。刘旺因为没有谈判成功，销售业绩达不到当月指标，被扣了奖金。后来，客户又打电话给刘旺的领导，说刘旺说话很难听，当众骂人。这位客户说自己不想再和他们公司合作了。由于刘旺给公司造成了一定的损失，很快就被解雇了。

很多人可能经历过这样的情形：对方突然情绪冲动，让我们不知如何回应；老板用手指猛敲桌子，顾客大声吵嚷，朋友突然翻脸，就像从来没有认识过一样。对方的种种表现使我们的情绪十分紧张，以至于我们不知道接下来该怎么说，怎么做。

信息是有效谈判的重点所在，如果我们知道对方的需求以及满足其需求的途径，便拥有了情绪杠杆，就有机会在谈判中维持自己与对方之间的情绪平衡。

面对面的会见能使多数人在谈判时带着某种情绪，致使信息收集更具有挑战性。因此，会面之前要尽可能多地了解对方的信息，这样会对我们更有利。我们知道得越多，就越能解释对方的行为。这样一来，即使对方的情绪是伪装出来的，我们也有可能知道真相，知道对方的真实需求。

不过，如果对方的情绪出现意外的变化，我们必须采用其他办法。在这样的情况下，确认对方的情绪，然后要求其澄清，通常是最好的方法。我们的最终目标就是要弄清潜藏在个人情绪之下的真正需要是什么。

合理控制情绪是高情商的表现，要想远离情绪的漩涡，可以参考以下方法。

1. 时刻关注自己的情绪

我们要时刻关注自己的情绪，当意识到自己的情绪很差时，一定要提醒自己，防止情绪失控。控制情绪的办法有很多，比如多展露自己的笑容，或者到洗手间平息一下情绪，冷静后再回到谈判桌前继续谈判。

2. 转换看待问题的焦点

谈判无关乎对错，只关乎各自的利益。因此，一旦在谈判过程中遇到让自己生气的事情，先不要纠结于对错，因为这只会让自己的情绪更加糟糕，对解决问题毫无用处。把焦点放在如何解决问题上，就事论事，通过自己的努力使问题得到真正的解决。

3. 不要把坏情绪带到谈判中

谈判时要心平气和，如果我们心烦气躁，就会给对方留下不好的印象，自然也得不到好的谈判结果。因此，不管遇到什么不快，都不要把坏情绪带到谈判桌上。

谈判时切不可情绪激动，被对方的情绪和行为所影响，不然自己的谈判节奏会被对方打乱。要懂得克制自己的情绪，谈判之前清空自己的不良情绪，谈判中被对方激怒之后要快速冷静下来，就事论事。

七、勿自曝家底，以免被对方算计

如果我们在与对方谈判之前摸清了对方的底细，就掌控了谈判的方向，就能使谈判朝着有利于自己的方向发展。不过，除了摸清对方的底细以外，谈判时我们也要懂得隐藏自己，注意自己的言行，时刻注意保护自己的信息，不要让对方了解自己的底细，否则可能会陷入被动。

案例22 批发商几句话套出松下幸之助的底细，使其生意遭受损失

日本松下电器公司的创始人松下幸之助与批发商刚一见面，批发商非常温和地对他说："幸会幸会，我们第一次见面，以前没有打过交道。"批发商之所以说这句话，意在探测松下幸之助做生意是新手还是老手。

松下幸之助当时确实是新手，因为缺乏经验，就十分恭敬地答道："我们是第一次合作，我初到东京，懂得很少，还请多多关照！"松下幸之助的回答按说挺正常，却让批发商获得了一条重要的信息：他是个新手。

批发商接着问："你的产品打算卖多少钱？"

松下幸之助如实地告诉对方："我的产品每件成本是20日元，我准备按每件25日元来卖。"

这时，批发商知道了松下幸之助的很多底细，比如在东京人生地不熟，其产品成本，松下幸之助开拓市场的急切心情等，因此趁机杀价："既然你是第一次来东京

做生意，生意刚开张，你应该想的是如何把产品推向市场，打造知名度，而不能在一开始就想盈利。我们是第一次合作，你的产品质量有无问题还需要验证，我们可以试销，如果反馈很好，我们会继续合作。每件 20 日元如何？就当我为你做广告吧！"

结果，没有经验的松下幸之助在这次交易中吃了大亏。

松下幸之助在这一次谈判中没有保护好自己的信息，使对方掌握了主动权，造成自己的被动与失利。假如松下幸之助有一点儿警惕心，能够守住自己的底细，自然也不会受到批发商那样的摆布。

> **谈判技巧**
>
> 谈判时，不要把自己的重要信息透露给对方，自己的底细一旦被对方知晓，自己的底线和退路也就暴露无遗了。对方就会利用我们的底线来压榨我们的利益，我们就会受制于人，陷于被动。

八、明确自己的底线和筹码，做到心中有数

对谈判者来说，知己和知彼互相影响、密不可分。如果我们对自己没有一个客观的评价，就无法客观地认识对方的实力。因此，谈判之前，我们要客观且深刻地了解自己。那么，作为谈判者，怎样才能做到"知己"呢？这就需要回答两个问题，我的筹码是什么？我的底线是什么？

1. 我的筹码是什么

不管是沃尔玛之类的大型实体商场，还是诸如京东、天猫这样的网络商城，其商品一般明码标价，顾客不能讨价还价，接受价格就买，接受不了就不买，商家不会为某个人降价。顾客与商家之间的这种交易没有经过谈判，就是因为顾客没有筹码。但是，顾客并非在所有消费场合都不能讨价还价，如果顾客购买的商品数量足够多，商家的利润也足够大，为了推动销量，商家一般会降价。

从表面上看，购买量是筹码，但从本质上讲，我们所掌握的对方利益才是真正的筹码。虽然有些谈判筹码相对模糊，但依然可以通过一些简单的方法找到自身的

谈判筹码。

（1）分析自身实力。在谈判桌上，谈判主要体现为口才和心理上的较量，但在谈判之前，双方的实力才是谈判筹码的关键。资本、技术、声誉、人脉等都是实力的重要组成部分。拥有强大实力的谈判者，其谈判筹码相对来说就更重一些，他们可以利用自己的谈判筹码为自己争取更多的利益。

以经销商和制造商为例，他们都处在同一利益链条上，经销商需要销售制造商的产品，制造商也需要经销商扩展销售渠道，彼此之间互有合作，但他们也有各自的筹码。假如制造商在市场上有很高的知名度，想要与其合作的经销商有很多，此时知名度就是制造商的筹码；如果制造商只是一家小企业，没有什么知名度，它们非常想找到一家经销商展开合作，此时销售渠道就是经销商的筹码。当然，筹码并非只在一方，比如对小企业来说，经销商的渠道是其筹码，而产品价格低就是小企业的谈判筹码。

有时候我们是在跟认识谈判，而不是跟事实谈判。我们不仅要有筹码，还要让对方相信我们有筹码才行。如果找不到筹码，谈判自然不会有结果。

案例 23　珠宝商没有筹码，谈判高手拒绝与百货公司谈判的请求

某著名百货公司一直对入驻的商家有一个严格的要求：黄金饰品与钻石饰品不能在同一楼层展卖。

某珠宝店非常想借助该百货公司的名气来促进珠宝饰品的销售，因此希望能在这家百货公司展卖自己的产品。不过，该珠宝商考虑到珠宝店既有金饰也有钻饰，假如能够放在一起展卖，无疑能够节约一大笔管理成本，于是他决定聘请谈判高手与百货公司进行谈判。

然而，谈判高手听了珠宝商的请求之后一口拒绝了，珠宝商疑惑不解，问道："为什么这么快就拒绝我了？"

谈判高手一针见血地指出："你们两方谈判，百货公司处于强势地位，而你手里没有筹码，根本没办法与人家讨价还价，'巧妇难为无米之炊'，我也无能为力啊！"

（2）研究谈判对手。研究谈判对手，了解其顾虑和需求，就可以针对其顾虑和需求发现新的谈判筹码。要想做到这一点，就要同谈判对手保持密切的联系。假如条件允许，最好做市场调查，了解对手需求的潜在变化等重要信息。

（3）利用嫁接法。假如我们已经知道自己确实不具备足够的实力，可以利用嫁接法找到自己的谈判筹码。嫁接法就是通过吸引与谈判对手关系密切的第三方，与之取得联系，使其成为己方与对方的谈判筹码。比如甲方与乙方谈判，甲方的实力较弱，此时甲方获取了一条重要信息：乙方打算和丙方谈判，而且有求

于丙方。这时，甲方可以与丙方建立关系，并把丙方相对于乙方的优势转嫁到自己身上。

2. 明确底线

大多数情况下，虽然我们知道自己的筹码，但对方同样也很清楚，因此对方会提出相应的应对策略。所以，我们不仅要知道自己的筹码，还要明确自己的底线。

在任何谈判中，都要明确自己的底线。要知道，谈判的目的就是为了获得最大化的利益，但对方也有着同样的目的，因此会采用一切方法来削减我们的利益。我们即使想通过让步来换取对方的让步，也不能低于底线。底线就是保障自身最基本利益的一条安全线。

底线除了保护自己的基本利益，还可以让谈判灵活化，也就是说，我们可以以底线为临界点，只要对方的要求没有触碰自己的底线都好商量，而一旦触碰自己的底线就要坚决地予以拒绝。

从某种程度上讲，明确底线还可以维护自身的信誉和良好形象。如果谈判涉及产品质量或者其他原则性的问题，而我们的底线不明确，那么我们的底线可能会被对方一再拉低。通过这种方式达成协议虽然可以使我们短暂获益，但从长远来看，这样做无异于埋下了一颗炸弹。在底线面前不妥协，既是一个人应有的魄力，又是一个企业应有的责任。

既然底线如此重要，那么在制订底线时我们就要格外小心。底线既不能过高，也不能过低。如果底线过高，交易无法达成，自身价值无从体现；如果底线过低，不利于企业未来的发展。因此，在制订底线时我们需要结合自身情况以及谈判对手的情况。

确定底线时，我们的开价应该在能接受的最低价和对方能够接受的最高价之间，这样双方才会有继续谈判的动力。有时对我们有利的价格并不一定符合对方的底线。因此，当在设定底线时要考虑对方的需求，多方面进行考量，确保开价处于双方的底线之间，并且给对方留有还价的余地。

还需要注意的是，不要过早地提出自己的底线。对客户来说，当我们提出一口价之后就不再让步，就等于是把谈判的后路都给堵死了。一口价让对方感觉没有还价的空间，成交的兴趣也就不大了。如果我们的要求高于底线，让对方与我们讨价还价之后再确定最终价格，对方就会觉得自己获得了很多优惠，尽管实际达成交易的条件还是远远超过设置的底线，对方也会感到满意。

一旦设置好底线，就要坚持下去，哪怕客户提出的条件非常苛刻，甚至使谈判陷入僵局，也要尽最大可能坚守底线。不能靠损害自身利益来达成谈判，只要对方说出的要求触碰到底线，宁可失败，失去客户，也不能妥协。因为一旦放弃坚守的底线，就可能会面对更多的无理要求。

> **谈判技巧**
>
> 对谈判者来说，筹码和底线就是自己的两种"武器"：筹码用来作战，提升战斗力和攻击力，使我们在谈判时更有底气提出更高的要求；而底线则用来守卫，保证我们不至于失去所有，保住自己的基本利益。

第四章

赢得对方好感，让谈判对手消除戒备心理

谈判双方不仅互为对手，有时也存在合作关系，并非只有针锋相对才能完成谈判。在一个轻松的环境下展开洽谈，进而实现双赢才是谈判的最好结果。因此，为了实现这一目标，谈判双方要营造良好的谈判氛围，要尽量赢得对方好感，拉近彼此的心理距离。

第四章
赢得对方好感，让谈判对手消除戒备心理

一、用一句话拉近心理距离，让对手产生认同心理

谈判开场，双方代表入座，要想使谈判真正开始，其中一方必须首先发言，说出开场白。开场白非常重要，一个好的开场白能在最初的几秒钟之内就引起对方的注意，使对方快速进入谈判的状态。

那么，好的开场白到底是怎样的呢？开场白需要直截了当、简洁有力，有利于营造融洽的谈判氛围。

如果谈判双方是第一次见面，最好互相自我介绍，谈一些与谈判无关的话题。这个时候，如果能够给对方留下良好的第一印象，就会较容易地获得对方的好感。第一印象的获得来自对方对自我言行、举止、风度和气质等方面的评价。

心理学家分析指出，一个好的开场白能够迅速营造出融洽的谈判环境，从而使谈判顺利进行下去。

谈判氛围对谈判者的心理影响是非常大的，比如，很多时候谈判者需要到一个陌生环境中谈判，陌生的环境会使人紧张和不安，在陌生环境中，人会启动脑海中的自动保护系统。如果身处融洽的谈判氛围，这种紧张感和不适感就会消除，这样谈判者就自信多了，能够轻松自如地发挥自己的优势。

在很多人看来，谈判是一件十分严肃的事情，谈判双方为争取各自的利益相互争论，甚至一言不合就会出现争执。如此看待谈判的人都走进了一个误区，事实上谈判也可以做到轻松、愉快。轻松、愉快的气氛除了可以缓解谈判者的紧张情绪外，还能激发谈判者的想象空间。在良好的谈判氛围中，谈判者更容易被理解、被尊重。而在沉闷无趣的谈判环境中，谈判双方滋生猜忌和隔阂的可能性比较大。因此，在谈判中营造一个好的谈判气氛是谈判成功的基础。

心理学研究发现：人们最关心的其实是自己，而且希望得到其他人的关注。当我们拿出一张包括自己在内的团体照片时，首先要看的就是自己。因此，在谈判开始时，不妨先拿出一点儿时间，用寒暄的形式向对方表达关心。有时可能只是简单的一句话，就能获得对方的好感，拉近彼此的心理距离。

案例24 华纳创始人用赛马话题打开谈判通道，与客户建立长久合作关系

时代华纳公司创立之前，其创始人史蒂夫·罗斯曾从事殡仪馆业务。后来，罗

斯打算放弃原有工作，进入更大规模的行业。刚开始他的一个目标是帮助一家小型汽车租赁公司与凯撒·基梅尔展开谈判。凯撒·基梅尔在纽约市大概拥有60个停车场，罗斯希望基梅尔同意汽车租赁公司使用他的停车场，以让租车客户免费停车，而基梅尔可以得到租车费。

为了保证谈判胜利，罗斯在谈判开始前对基梅尔进行了十分细致的调查，其中有一条信息引起了他的注意。

基梅尔是一个不折不扣的赛马迷，他拥有自己的马，经常安排自己的马参加比赛。正好罗斯也知道一些关于赛马的事情，因为他的亲戚也喜欢赛马。

谈判当天，罗斯走进基梅尔的办公室，先是在屋内扫视一圈，目光停留在一张照片上。照片上是基梅尔的马获得赛马冠军时与其他参赛马匹的合影。罗斯走到照片旁边，看了一会儿，装作很惊讶的样子说道："呀，这匹马不正是莫迪·罗森塔尔的吗？"莫迪·罗森塔尔其实是罗斯的亲戚。

就是因为这句话，基梅尔的脸上露出笑容，两个人话语投机，不仅这一次愉快合作，之后还联手进行了一次非常成功的风险投资，而那家投资实体就是日后罗斯首家上市的公司。

恰当的寒暄能使双方产生一种认同心理，使一方被另一方的感情所同化。不仅如此，寒暄还能使我们获得对方的背景资料，如性格爱好、处事方式、谈判经验及作风等，进而找到双方的共同语言，为之后的沟通提供便利。

> **谈判技巧**
>
> 双方谈判开场，最好有个精彩的开场白。寒暄型的开场白可以缓解彼此的紧张情绪，还可以传递关心，给对方留下良好的第一印象。有了寒暄打下的良好基础，接下来的谈判过程就会顺畅很多。

二、共同的兴趣爱好让双方一见如故，相见恨晚

古罗马著名诗人西拉斯曾这样说："我们对别人产生兴趣的时候，恰好是别人对我们产生兴趣的时候。"兴趣是相互的，所以我们要掌握谈判的一个非常重要的原则：真诚地关心他人，讨论对方感兴趣的话题。

很多人开始谈判时不知道该说什么，其实可以谈论双方都感兴趣的话题。只要能够挖掘到对方的兴趣点，通过此兴趣点可以与对方产生共鸣，双方之间的好感度就会不断提升。我们可以通过对方的兴趣，了解其个性、需求以及生活习惯等信息，

这些信息有可能会在谈判的关键时刻发挥重要的作用。

案例 25　细心观察发现对方集邮兴趣，银行职员用邮票换来重要文件

查尔斯·华尔德是纽约市一家大银行的职员，领导给他安排了一项任务，让他准备某公司的重要文件，而他需要从中找到某些资料。

华尔德知道某大型实业公司的董事长能为自己提供这些资料，于是就去该公司拜访董事长。正当华尔德被引进董事长办公室时，董事长的秘书对董事长说，她没有找到他要的邮票。原来这位董事长的儿子喜欢集邮，他正在为12岁的儿子搜集邮票。

秘书走后，华尔德向董事长表明来意，但这位董事长含糊其词，显然不欢迎华尔德的来访。华尔德尴尬地坐着，什么话也说不出来，后来黯然离开了。

回到家以后，华尔德反复思索自己失败的原因，突然他想到董事长秘书说过的话——邮票，12岁的儿子……他知道，自己所在银行的外汇兑换部接收世界各地寄来的信，上面的邮票都被银行外汇兑换部收藏起来了。

第二天上午，华尔德获得领导的同意，精心挑选了一些邮票，然后再次拜访这位董事长。到达对方公司后，他请秘书传话，说他要送给董事长的儿子一些邮票。这一次，董事长对华尔德很热情，并露出了善意的微笑，说："你真是费心了，你送的这些邮票都非常精致，我的儿子肯定很喜欢。"

接下来他们一起谈论了邮票，董事长还让华尔德看了自己儿子的照片。然后，董事长把他所知道的情况都告诉了华尔德，还询问下属了解更多的情况，甚至还给几位生意上的伙伴打了电话。最后，这位董事长把有关资料全都给了华尔德。

当华尔德回忆起这件事情时，他说自己通过发现对方的兴趣取得了一次远超预期的收获。

人们习惯以自我为中心，对自己感兴趣的程度远远超过对别人感兴趣的程度。这既是人性的弱点，也是谈判者可以利用的有利条件。我们可以利用对方渴望得到他人关注的心理倾向，聊对方感兴趣的话题，使其产生自己就是话题中心、自己受到肯定的感觉。

既然兴趣如此重要，那么该通过什么样的方式获取对方的兴趣呢？

谈判前，我们要先了解对方，浏览对方的个人资料，尤其是掌握对方感兴趣的话题或者平时投入时间维持的兴趣爱好。不过这种方式获得的信息并不一定准确，还需要在谈判现场观察对方的言行举止，以此确定其兴趣。

一般说来，人们在谈到自己感兴趣的事物时，瞳孔会不自觉地放大，说话语速也会明显加快。如果谈判过程中我们发现了类似的情况，就可以确定对方的兴趣点。

案例 26　首饰店经理夸赞顾客衣服，顾客高兴地购买了店内最贵的首饰

王娟是一家首饰店的经理。一天，正当她值班时，她发现一位年轻、漂亮的女子在柜台前左看右看。王娟问："您好，请问您需要什么样的首饰？"

女子表现出很强的戒备心，头都没抬一下说道："没什么，我就是随便看看而已。"

凭借自己丰富的销售经验，王娟认为这位女子的购买意向很明显。于是，她思索着能够打动她购买首饰的方法。这时，她注意到这位女子一直在用手抚摸自己的衣服，一边看上衣，一边看首饰。王娟想到她可能在对比首饰和衣服的颜色。于是，王娟趁机说："您的眼光真不错，这件衣服真漂亮。我几乎没见过这种款式，您是在哪儿买的？等有时间我也去看看。"

听王娟这样一夸，女子马上和她交谈起来。女子高傲地说道："估计你在国内是买不到了，这是意大利的一个牌子，是我在意大利的一个朋友送给我的。"

王娟又连连夸赞了两句，然后把话题转移到首饰上："您这衣服确实不错，如果能有漂亮的首饰来搭配就更好了。"

女子说道："我也是这样想的，不过我不知道怎样选首饰。"于是，王娟抓住机会向对方介绍了几件比较精致的首饰。最后，这位女子买了那件最贵的首饰。

案例中的这位女子开始之所以拒绝王娟，是因为王娟还没有抓住对方的兴趣点。从表面上看，对方是在看首饰，但她挑选首饰的原因是为了搭配自己的衣服。所以，当王娟夸赞了她的衣服之后，沟通的障碍也就消除了。

谈判时，如果我们所说的话题没有与对方的兴趣点相匹配，或者所提出的谈判条件没有刺激到对方的兴趣点，就有可能给谈判带来诸多变数。

> **谈判技巧**
>
> 谈判双方在一开始可能不知道该说什么，这时可以寻找对方的兴趣点，说一些对方感兴趣的话题，从而活跃谈判气氛，这对谈判十分有利。要想找到对方的兴趣点，需要提前了解对方，谈判时也要密切关注对方的言行举止，以此确定其准确的兴趣点。

三、大智若愚，让对方多一些表现"聪明"的机会

谈判时，双方都期望自己的表现足够"聪明"，但在这种心理状态下表现出来的行为并不一定对谈判结果有利。极力表现自己的"聪明"是一种锋芒毕露的表现，而真正的谈判高手一般会表现出大智若愚的样子。

大智若愚中的"若"字就十分明确地点明了实质：这并不是真正的愚蠢，而是隐藏自己实力的一种手段。我们可以隐藏自己的实力，暗中规划好自己的策略。

有时谈判者表现出来的"愚蠢"只是一个虚假的信号，为的是麻痹对方，让对方放松警惕，而自己则蓄势待发，力求关键时刻充分发挥自己的才智，从而最大化地实现自身利益。

不管是商业谈判还是人际交往，我们都要时刻提醒自己，不能过于表现自己。有句俗语说得好，"聪明反被聪明误"，如果一个人总是彰显自己的聪明能干，在各个场合强调自己的过人之处，很容易招致他人的怨恨与嫉妒。那么，在谈判桌上怎样做才能不被"聪明"误呢？

1. 要学会隐藏自己的锋芒

即使我们在某些方面非常有优势，但如果不加收敛，极力地表现自己，我们的优势就有可能变成劣势。当然，在适当的时间和场合可以展露自己的优势，但不分时间、不分场合地显露自己，只会让别人感受到我们的无知。

谈判时，我们要学会隐藏锋芒。何为锋芒？锋芒就是自己实力的一种体现，将自己的实力暴露出来，给对方提供了了解自己的机会，不利于赢得谈判。如果将锋芒隐藏起来，不仅不容易得罪对方，还可以"在暗处"观察对方的实力，这样一来，我们在暗处，对方在明处，对方就会处于谈判的劣势。

2. 给对方表达自己的机会

谈判双方肯定会存在分歧，谈判的过程就是不断解决分歧、达成一致的过程。如果我们坚决捍卫自己的立场，非理性地完全排斥对方的意见，就会给对方留下霸道的印象，这样不但影响了谈判的进展，还会让彼此形成积怨。

谈判时，我们要让对方也有表达的机会，而自己做一个耐心而友好的听众。我们给对方表达自己的机会，让对方多说，这时对方很容易放松警惕，也给我们提供了抓住其弱点的机会。

谈判并不是考试，不是单纯地把自己最好

的一面展现出来就能成功的，适当地倾听，让对方多说，把"聪明"留给他人，可能会使自己受益更多。

> **谈判技巧**
>
> 过于表现自己的"聪明"并不是聪明的做法，崭露锋芒，不仅会让对方反感，也有可能向对方暴露重要信息，增加谈判的不确定性。大智若愚，隐藏自己的实力，给对方表达的机会，则是为了蓄势待发，寻找对方的破绽，从而赢得主动。

四、恰如其分地赞美对方，让对方心生愉悦

受到赞美对每个人来说都是一件十分高兴的事情，这意味着自己获得了别人的认同，从而得到极大的心理满足。谈判过程中，如果在合适的时机对谈判对手说一些赞美的话，我们就有可能推动谈判朝着有利于自己的方向发展。

当我们赞美谈判对手时，他们认为自己的价值得到了我们的肯定，心情往往很愉悦，这无疑会缓和之前的抵触情绪。谈判对手对我们的态度发生了重大变化后，就会对我们产生一种心理上的亲和力，进而对我们提出的观点表示认同。因此，在这一心理状态下，当我们提出要求时，谈判对手更有可能表示同意。

案例 27 导购赞美顾客事业有成，并用活动优惠促使顾客爽快交付定金

在建材市场，一位顾客正在选购防盗门。他手托下巴，眼睛盯着其中一款，犹豫不决。

王丽珍是一名导购，她看到顾客正在犹豫，立刻走过去主动介绍："先生，您的眼光真不错，这款防盗门是公司新出的产品，是上个月的销量冠军！"

顾客笑了笑，问道："是吗？那价格是多少？"

王丽珍说："5800元。"

顾客摇着头说："有点儿贵啊，能优惠点儿吗？"

王丽珍说："先生，这款门属于高端品牌，装有C级防盗锁芯，加强了防撬功能，并且搭配指纹锁，具有智能开锁功能，使您能在开门时缩短等待时间。这么好的品质，当然对得起这样的价格。"

顾客点了点头，但没有说话。

第四章
赢得对方好感，让谈判对手消除戒备心理

王丽珍问：“您在哪儿居住？"

顾客说：“新湖世纪城。"

王丽珍说：“新湖世纪城是很高档的楼盘了，听说那里环境十分优美，交通便利，配套设施一应俱全，整体布局格调高雅。您能住在那里，肯定事业有成，是一名成功人士。您看您都买了这么高档的住宅，更应该买个高端的防盗门了。我们最近正在对新湖世纪城和怡丰丽苑做一个联谊促销活动，这次购买可以享受团购价优惠。"

顾客笑了笑，但又犹豫了：“其实我只是看看，因为现在装修方案还没有决定好，具体要买什么样的门暂时没定下来。"

王丽珍说：“这个您放心，您可以先交定金，我们给您算成团购价格，给您优惠，等具体装修方案出来了，我们再帮您把门送过去。"

顾客这时终于感到满意了，很爽快地交了定金。半个月后，订单顺利完成。

赞美是一种非常有效的感情投资，不吝其辞的赞美可以使对方心生愉悦，最终使自己得到应有的回报。

在谈判中，得体地赞美自己的谈判对手，需要做到以下几点。

1. 要有敏锐的观察力

进入谈判场所后，我们要仔细观察对手的言行举止，发现对手身上的闪光点，并向其表达自己最诚挚的赞美；相反，如果没有细心地观察对手，不了解对手的特点，这时的赞美可能就是"驴唇不对马嘴"，对方反而会认为我们虚伪，进而产生戒备心理。

2. 说一些肯定对方的话语

有些比较严肃、谨慎的对手不太喜欢听别人的赞美之辞，他们觉得别人的赞美只是一种虚情假意的心理策略，这时说一些肯定对方的话语，同样可以收到与赞美一样的效果。肯定性的话语其实就是一种隐性的赞美，既能让对手愉悦，还可以避免对手因为明显的赞美之辞而产生的不快感。

3. 赞美要讲究时机

赞美之辞不是随便说的，还要讲究时机。当谈判进行到白热化状态时，双方都紧张到极点，准备一较高下，这时说出赞美的话语肯定不合时宜，不仅会让对方觉得莫名其妙，也会削弱自己的气势。

一般来说，说赞美话的最佳时机是在谈判正式开始之前的"破冰期"内，这个时候要与对手寒暄，联络感情，营造良好的谈判气氛，此时夸赞对方更为自然，可以使接下来的谈判进展得更加顺利。

4. 在细节之处赞美对方

赞美要具体。赞美对方时一定要找准一个具体的点，如"您的领带很有品位""您的字写得真好"。这些赞美之辞是从谈判对手的行为表现细节入手的。这样不仅能达到赞美对方的目的，还能让对方感受到我们敏锐的观察力，从而对我们刮目相看。

> **谈判技巧**
>
> 赞美可以使对方心生愉悦，是一种非常有效的感情投资。我们付诸赞美，得到的可能是对方的坦诚相待和利益让步。找准赞美的点，把握好赞美的时机，这会对谈判起到立竿见影的促进作用。

五、让人感觉到被尊重，才有继续谈判的可能

每个人都有自尊需求，除了自我尊重外，我们还需要得到别人的尊重和认可。只有受尊重的需要得到满足，人们才会对自己持肯定态度，认为自己是个有用的人；而这种需要如果无法获得满足，人们就容易产生自卑心理，对自己持否定态度。当一个人感觉到对方不尊重自己时，就会产生防卫心理，对对方产生抵触情绪。

谈判时，谈判对手也同样存在自尊需求，如果我们在谈判场上没有谨慎对待，对谈判对手说出不够尊重的话语或者做出不够尊重的行为，谈判对手自然会产生抵触情绪，心存敌意。

在这种心理影响下，对手很有可能与我们针锋相对，导致谈判过程异常缓慢，双方争执不休。而当对手的自尊需求得到满足时，就会对我们产生好感并从内心里接受我们。记住，我们所表现出来的尊重就像一条无形的绳索，可以拉近我们与谈判对手之间的心理距离。

那么，应该如何表达出对对方的尊重呢？

1. 准确地记住对方的名字

记住别人的名字，是与人交往的一项基本要求，如果我们与对方见过不止一面，而再见面时却不知道怎样称呼对方，对方的心里肯定不好受。在谈判场上，如果我们和遇到的对手曾有过一面之缘，准确地叫出对方的名字就能很好地体现出对他的尊重，让对方觉得自己很受重视，满足了其心理上的自尊需求。

第四章
赢得对方好感，让谈判对手消除戒备心理

2. 给对方留下一些面子

谈判场上的情形变化莫测，什么样的情况都有可能发生，谈判双方都有可能犯错误。如果我们抓住谈判对手犯下的某些错误不放，一味地对其讽刺和嘲笑，不给对方留面子，对方的负面情绪积累到一定程度后就会爆发，双方可能会发生冲突，从而导致谈判中断。

案例 28　客服人员发现客户检验错误，温和善意地提醒问题

刘艺丹是一名客服人员，她所在的公司接到客户打来的投诉电话。客户说："真是太气人了，我们收到的产品中有一半以上是不合格的，请不要再为我们供货了，这些不合格产品也请你们搬回去！"

公司领导立刻派刘艺丹去对方工厂了解情况。刘艺丹不敢懈怠，在去往对方工厂的途中一直在思索解决问题的办法。到了工厂，她发现采购部主任和检验员情绪非常不好，仿佛马上就能吵一架似的。

刘艺丹来到卸货卡车旁，对这两个人说道："您好，我是××公司派来了解情况的。你们先卸货，我看看这些产品到底出了什么情况。希望你们把不合格的产品挑出来，把合格的放在另一边。"

对方马上忙活起来，刘艺丹看了一会儿，终于明白过来，原来是客户混淆了检验规则。她对这种产品的检验规则十分熟悉，而对方检验员估计对这种产品没有太多的检验经验。虽然刘艺丹发现对方的错误，但她并没有立刻提出反对意见，而是继续观察，询问产品不合格的理由。

刘艺丹没有暗示他们检查错误，而是对他们说："希望以后我们在送货时能够满足贵公司的要求。"

刘艺丹用友好的语气，以一种合作的态度请教对方，并坚持让对方把不满意的地方指出来。就这样，对方的情绪慢慢缓和下来。这时刘艺丹温和地提醒对方那些产品是合乎规格的，并详细阐述了正确的检验规则。

就这样，对方的态度慢慢地转变了，最后承认他们对这种产品的检验经验不多，然后询问刘艺丹与这种产品有关的问题。他们最终又把全部产品重新检查了一遍，并且全部接受，而刘艺丹也拿到了一张全额支票。

"得饶人处且饶人"，遇到对方出现错误，我们要学会为对方留一些情面，表现出对对手的尊重，那么在接下来的谈判过程中，如果我们也遇到同样的情况，对方也会给我们留面子。

3. 给对方说话的机会

当对方在阐述自己的观点时，不能随便打断其发言。如果打断谈判对手的发言，肯定会让其产生一种被藐视的感觉，从而心生不快，对我们产生敌意甚至针锋相对。

除此之外，当我们发言时，也不能只顾着自己说话，而要在说话的过程中留意对方的反应，给对方反馈意见的机会。有的人谈判时口若悬河，滔滔不绝，自己说个没完没了，对方没有一点儿插话的机会，这样的谈判者显得非常高傲、自大，目空一切，对方会觉得自己没有受到足够的尊重，从而对其产生抵触心理。因此，我们在谈判中表达自己的观点时，要注意与谈判对手的积极互动，让对手感觉到我们对其的尊重。

> **谈判技巧**
>
> 如果在谈判场上不尊重对手，对方就会在心里对我们产生敌意，在谈判过程中很可能会与我们针锋相对，影响谈判结果。因此，一定要懂得尊重对手，比如给对方说话的机会，对方出错也要给其留面子等。

六、幽默语言是谈判的润滑剂，缓和气氛化解僵局

谈判过程中随时可能出现一些令人意想不到的情形，尤其是让人尴尬或不安的事情。这时幽默就像是一支润滑剂，能够缓解尴尬的气氛，打破谈判僵局。就算谈判中没有发生尴尬的事情，那些谈吐幽默的人也是非常受欢迎的。

幽默不仅体现出一个人的智慧，还能体现出人的乐观心态，展现出个人魅力，这样的人自然能够处变不惊地处理谈判中出现的各种突发情况。

案例29 中方代表以中国四大发明无偿奉献为例，促使对方降低专利费

中方某公司曾就一合资项目与美国某公司展开谈判。谈判一开始美方谈判代表就说："我们设备技术先进，拥有专利权，贵公司若要与我们合作，希望可以开出一个让我们满意的价格。"对方说这话的意思是要我们开高价，如此漫天要价，导致谈判很快陷入僵局。

就在这时，中方谈判代表说道："中国历史悠久，我们的祖先在1000多年前就有了四大发明，分别是指南针、造纸术、印刷术和火药，他们将这些发明

的生产技术无条件地贡献给全人类。而我们作为他们的子孙，对于他们不要专利权的事情从未有过任何抱怨，而是称赞他们为推动人类科学技术进步做出了巨大贡献。今天，中国在与世界各国的经济合作中，不会要求别人无条件出让专利权，只要价格公道，我们肯定会乐意支付专利费的。"

这位中方谈判代表的话语不卑不亢，其中融入了幽默的力量，最终促使对方妥协，降低了专利费。

假如双方在专利费上都坚持自己的看法，互不相让，那么这场谈判肯定无法进行下去。而中方谈判代表用一席幽默的话语使整个谈判脱离了困境，缓和了紧张的氛围，最终促使谈判取得成功。

在谈判中，幽默是谈判高手化解危机的有效方法。幽默是一种善意的表达，只要使用得当，自然会得到很多善意的回应。不过，不合情理的幽默也可能会给他人造成心理伤害，这就要求我们在进行幽默沟通时一定要把握好分寸，在以下几个方面多加注意。

1. 留心场合

在使用幽默语言之前要先看清场合，在正式场合尽量少开玩笑。因为正式场合一般讨论的是比较严肃的事情，而在非正式场合可以针对具体的人，结合具体的事情，适当地说些幽默的话语。

2. 注意方式

一种幽默不会适合所有人。在使用幽默语言时要针对不同的人使用不同的幽默。对性格开朗的人来说，幽默可以适当夸张一些；而对性格内向的人来说，幽默最好内敛一些，别让对方感到尴尬。

3. 掌握分寸

幽默不能超过对方承受的界限，凡事都要掌握一个度。如果不确定自己的幽默是否合适，最好不要说。

4. 避人忌讳

幽默不完全等同于开玩笑，千万不要认为随便调侃别人就是幽默。真正的幽默是拿别人的长处来赞美，而低劣的幽默总是调侃别人的缺陷。为了不影响谈判气氛，我们在用幽默的时候一定要避开他人的忌讳，对谈判对方所在地的风俗也要有所了解，以免发生失礼的情况。

> **谈判技巧**
>
> 谈判遇到阻碍，气氛尴尬，难以收场，这时幽默的语言可以缓和尴尬的气氛，化解谈判僵局。然而，幽默的使用也需要技巧，使用的场合、方式、分寸和忌讳都需要注意，这样才能说出适当的幽默语言，促进谈判进程的顺利发展。

七、以柔克刚，融化对方心中的冰山

谈判过程中，有时我们会遇到盛气凌人、锋芒毕露的对手，这些人刚愎自用、趾高气扬，总想掌控谈判的主动权，控制别人的想法。面对这样的谈判者，最好不要以硬碰硬，因为这样做往往容易导致双方情绪的对立，不利于实现谈判目标。面对谈判对手提出的蛮横要求，我们可以暂不回应，而是以静制动，以逸待劳，用持久战磨去对方的锐气，等挑起对方的厌烦情绪后反守为攻，夺取谈判的最后胜利。

这就是以柔克刚策略。老子说过："柔能克刚。"当谈判中处于不利局面或弱势时，最好的策略是避开对方的锋芒，以柔克刚。

沙特阿拉伯的石油大亨亚马尼将以柔克刚策略发挥得淋漓尽致，他总能运用这一策略使对方心悦诚服地接受条件。一位美国石油商这样评价亚马尼的谈判艺术："亚马尼在谈判时的说话声音一直很低，从没有高声恫吓过对方。他能够心平气和地将每一个问题都重复很多遍，直到将对手折腾得精疲力竭，耐心全无，不得不做出最大限度的让步。我得承认，他是我见过的最难对付的谈判对手。"

因为以柔克刚策略的实施需要以静制动，轻声细语地应对无理要求，这就要求我们做好打持久战的准备，按照我们事先筹划好的步骤把谈判对手一步一步地拖下去。在说服对方时我们一定要坚持以理服人，言谈举止都要做到有理有节，这样即使对方再着急也无法责难我们，这样才能达到说服对方的目的。

不仅在商业谈判中是这样，在生活中要想说服他人，最好也运用以柔克刚的策略。

案例30 陶行知教育学生，用三块糖让学生流泪认错

有一次，陶行知校长在学校见到两个男同学在打架，经过简单的询问，他便让其中挑起事端的同学到校长办公室去一趟。

当陶行知办完其他事情赶到办公室时，那名男生已经在办公室等候了。陶行知便说："你在我之前到，说明你很讲信用，这块糖奖励给你。"

那名男生本以为自己会被陶行知严厉地批评，所以对校长的行为感到惊讶。陶行知又继续说："我问了其他同学，他们说你之所以打那个同学，是因为他欺负女生，嗯，这说明你很有正义感，这块糖也是奖给你的。"说着又掏出了一块糖。

男生再也忍不住了，眼泪忍不住流了下来，哭着说道："对不起，校长，这件事是我做得不对，我不应该动手打人。"

陶行知一听，又递给男生一块糖，说："我还没有说，你就能认识到自己的错误，这块糖也是奖给你的。"

陶行知用柔和的语言对男同学的错误行为进行了批评教育，所达到的效果远比严厉批评好。试想，如果他以严肃的表情和严厉的语气将男同学训斥一顿，男同学势必会产生逆反心理，无法起到教育的作用。

> **谈判技巧**
>
> 对方盛气凌人，锋芒毕露，若与之强硬对抗，只会激化对立情绪，不利于谈判的开展。这时可以运用以柔克刚策略，用柔和的语言融化对方心底的坚冰，磨平其尖利的棱角，使其最终接受我们的观点。

八、减少尖锐问题的敏感度，曲径方能通幽处

在谈判过程中，很多人喜欢直接提问，从不修饰自己的语言，而直截了当的提问很容易伤害对方的面子，因为一些尖锐的问题会使对方感到难堪，这不利于和谐的沟通氛围的营造。

案例31 甲乙双方针尖对麦芒，尖锐提问互不相让，谈判最终破裂

甲乙两公司在商谈履行合同的细节条款时出现了分歧。甲方是供货方，乙

方是需求方。

由于甲方比预定日期晚交货 2 个月，交货数量也只有一半，乙方在谈判桌上质问甲方："你们为什么没有按照合同规定的日期按时按量交货？假如我们一周之内再收不到另外一半货物，我们就撤销合同，向其他供货商订货。"

甲方急了，气冲冲地问："你们为什么要撤销合同？你知道你们撤销合同会给我们带来什么样的后果吗？你让我们怎么办？"

甲方的言语激怒了乙方，乙方认为甲方不仅没有按合同交货，还理直气壮，和他们再也谈不下去了。于是，乙方立即撤销了合同。

这个案例中的甲乙双方的提问其实都不恰当，假如乙方的提问不那么咄咄逼人，甲方可能不会用同样的口吻来回答；假如甲方不那么责难乙方，双方的合作也不至于半途取消。因此，在谈判桌上我们要学会妙语发问，圆润地提出尖锐的问题，这样才能使谈判继续进行下去。

陶行知曾说过一句话："发明千千万，起点是一问。禽兽不如人，过在不会问。智者问得巧，愚者问得笨。人力胜天工，只在每事问。"其中"问得巧"就是指委婉地提出问题。委婉的提问方式可以很好地照顾到谈判对手的心理，易被他人接受，进而使我们获得想要的答案。

那么，如何才能减少问题的敏感度呢？

1. 试着了解对方的处境

谈判应该建立在双方平等的基础上，当遇到对方难以开口的问题时，不要粗鲁地直接质问，而要通过谈话的方式了解对方的处境。当发现自己所提的问题比较尖锐时，要尽量把问题变得圆润而委婉。

2. 提出尖锐问题时借助"第三方"

如果对方的观点是错误的，我们必须提醒他，这时可以把不得不提出的问题推给抽象的"第三方"。比如，"刘总，全省的经销商都让我做代表来问您一下，如果单价这么高，到时候他们应该如何卖出去这批货呢？"

3. 把刺耳的字眼换成"具体陈述"

如果要提出的问题带有一些让对方听来刺耳且有审判味道的字眼，可以将其改成具体的陈述。比如，当要问对方关于假货这样敏感的问题时，可以换成一种具体的陈述："上个月接收的货物大部分是合格的，但有一小部分虽然看起来与合同标的相同，但质量和售后方面还是相差较大，不知道贵方如何解决这一问题？"

虽然这样的"具体陈述"有些费时间，不如"上个月货物中有一小部分是假货"直接，但要含蓄得多，削弱了直接指责的意味，让对方认为我们只不过是在就事论事。

> **谈判技巧**
>
> 尖锐的问题可能会刺痛对方的心，伤了对方的面子，破坏谈判氛围。所以，提问时我们要委婉用词，提问之前先了解对方的情况，如果必须使用比较尖锐的说法，不妨将其推给抽象的第三方或者替换成具体的陈述。

九、找准对方的利益动机，化解双方的谈判僵局

谈判的目的肯定是为了满足某种利益，双方是建立在各自利益的基础上来进行谈判的。也就是说，促使谈判者做出决定的是利益的得失。假如谈判双方在立场上产生争执，谈判很容易陷入僵局。如果双方把谈判重点放在利益上，则很容易缓解僵局。

谈判中，我们遇到的基本问题常常不是立场上的冲突，而是双方欲望、需求等利益方面的冲突，如果能解决利益冲突，谈判更容易达成一致。

案例 32 女装公司代表阐述拒绝退货带来的损失，成功退回 60 万元服装

某女装销售公司从某服装厂订购了一批 60 万元的服装，由于对市场判断失误，当这批服装到达公司时，销售旺季已过，这类服装的需求量大幅度下降，大量服装积压在公司仓库里，导致公司的资金运转出现问题。假如这个问题不能尽快得到妥善的解决，女装销售公司就会面临倒闭的风险。

公司负责人决定向服装厂退货，从而缓解资金上的困难。于是，女装销售公司负责人向服装厂领导说明此事。其实，如果严格按照合同来讲，厂方是有权拒绝女装销售公司的要求的，可最后厂方同意退货，这是为什么呢？

原来女装销售公司负责人在与厂方沟通时提出了以下 5 大理由，而正是这 5 大理由使厂方不得不谨慎考虑女装销售公司的意见，最终同意退货。

（1）假如贵厂不接受退货，我们公司很快就会破产，贵厂就会失去我们这个合作伙伴。我们公司每年都会向贵厂订购 700 万元左右的服装，假如我们破产了，贵厂每年将会损失 700 万元左右。

（2）其实退货对贵厂来说并没有多大损失，等这批服装回到贵厂以后可以用同

等价值的畅销款式的服装替代，仍然存在60万元的订单。

（3）我们公司会承担退货过程中的所有运费及搬运费，贵厂不会在资金上受到任何损失。

（4）我们承诺在以后采购服装时一定优先考虑贵厂的服装，以后贵厂会得到我们的更多订单。

（5）我们公司在当地规模不小，假如倒闭会对该行业造成不利的影响。由于我们公司一般向贵厂采购服装，受到我们倒闭的影响，贵厂的名誉也会受到波及，可能会减少其他公司在贵厂的采购量，最终导致贵厂营业额下降。

服装厂领导认真听取了女装销售公司负责人讲的这些话以后，发现不退货会对自身造成更严重的危害。因此，从长远发展的角度考虑，服装厂最后接受了女装销售公司的请求。

在这个案例中，服装厂领导正是因为看到了自身利益可能受到的损失，所以才答应女装销售公司负责人的退货请求。

如果女装销售公司负责人在谈判过程中只是强调自身的损失和服装厂的损失，但并不对具体的利益得失做出分析，服装厂领导可能会想："如果退货，我们就得先遭受60万元的订单损失。"这样服装厂肯定是不会答应退货要求的。

从这个案例中可以看出，与调和彼此的立场相比，调和彼此的利益更有效，主要原因有以下几点。

（1）立场通常只是某种利益的外部表象，立场的变化必须以利益为根本。

（2）利益可以通过多种途径和方式来满足，只要找到各方都能接受的办法就可以调和双方的利益，缓解冲突。

（3）双方之间的立场是对立的，这说明双方存在某些冲突性利益，但或许存在的共同利益要比冲突性利益更多，双方可以通过利益间的互补性为达成协议创造便利。

> **谈判技巧**
>
> 谈判都是为了各自的利益，只要将谈判破裂导致的利益损失阐述清楚，对方就会在心中仔细考量。只要认为利益损失严重，得不偿失，便会收回之前的意见或观点，重新考虑自己的谈判立场。

第五章

加强话语攻势，抓住机会找到谈判突破口

谈判交锋中，较强的攻势能够使对方疲于应对，露出破绽，从而使自己抓住谈判的突破口，一举攻下谈判的"山头"，占据主动。不过，攻势不可过强，否则伤害对方的自尊，也不利于谈判目标的达成。如果在给对方留有余地的同时，能用无声无息的手段赢得主动权，是再好不过的了。

谈判心理学
制造强势心理势差的谈判技巧

一、情感补偿，给对方的高温情绪来一剂退烧药

保持良好关系最强有力的基础是一种基于情感的吸引力，吸引力越强，人们彼此之间就越容易做出承诺。而要想加强一段关系，最好的办法就是情感补偿。

情感补偿主要有同情、道歉、让步、尊重、给面子或者肯定对方等，它可以使对方感觉更舒服，缓解其不良情绪。谈判过程中，对方可能会在某个时刻感到紧张、心烦、恐慌、愤怒、沮丧、悲伤、失望或者懊悔不已，这时我们就可以帮助其消除这些消极、负面的感受。

或许对方当着我们的面说出了一些刻薄和伤人的话，但这并非出自他们的本意，可能只是因为我们就在旁边而把我们当成了发泄对象。假如事实如此，我们就必须保持冷静，给对方带来一些情感补偿，满足其心理需求。

由于对方需要情感补偿，所以他们几乎不会去倾听别人说话。因此，我们必须全部接受他们的糟糕情绪和恶语相向，并以此作为切入点，让他们去倾听与自己的情绪感受有关的信息。我们必须小心谨慎，千万不要让其更加心烦意乱，不然一言不合就会使谈话中断并伤害双方关系。

恐惧会阻碍人的思维，使人麻痹，无法清醒地思考。谈判时，为了达到与对方建立并巩固关系的目的，我们要在一定程度上减少对方的恐惧。要想做到这一点，首先要明白对方因为什么而恐惧。即使对方的恐惧看上去不值一提，但对其而言是真实存在的。只有找到令对方感到恐惧的原因，才能引领对方慢慢走出恐惧。

保全对方的面子也包含在情感补偿当中。保全面子，就是帮助对方在所在意的人们面前维护其尊严或化解尴尬。

谈判过程中，将情绪带入谈判桌是非常不妥的，因为情绪会扰乱人心，使人无法专注自己的需求，倾听能力和理性分析能力"退化"。谈判双方都有可能受到情绪的影响，为了让谈判成功，最好的办法是利用同理心，让对方感觉到我们和其有情感的共鸣。

当谈判进行到白热化阶段时，双方的理性和冷静程度就会达到最低点，在这个时候可以转换一下话题，鼓励对方卸下自己的面具，谈谈自己的真实感受和情况，这能使我们了解到对方烦恼的来源，并通过提出合理的问题转移对方的注意力，使气氛慢慢冷却下来。

我们要趁机观察对方，弄清对方需要什么样的情感补偿。可以先试探对方

的需求，然后思考在对方的需求上可以做出什么程度的让步，然后做出一定的情感补偿，这有助于谈判的顺利进行。通过适当的情感补偿，谈判桌上紧张的气氛得以缓解，同时我们以较低的姿态与对方谈判，更容易获得对方的好感，达到自己的谈判目的。

情绪补偿最开始要做的就是正确认知，了解到对方情绪化的出现是一种正常行为，然后站在对方的角度，设身处地思考对方脑海中的想法，最后给出具体、明确的情感补偿。

因此，当与对方展开激烈讨论时，越是要求对方冷静，对方就越容易暴躁易怒。这是因为让他们冷静下来的要求阻碍了他们情绪的正常发泄，他们觉得自己不受重视，从而变得更加情绪化。

当对方处于情绪化的状态下，我们要做的不是理性地告诉对方要控制好自己的情绪，保持冷静，而是采取情感补偿的方式接纳并重视对方的情绪，并且为对方的情绪寻找到合适的出口。

> **谈判技巧**
>
> 谈判过程中，如果对方情绪激动、心烦意乱，表明其正需要情感补偿，这是一种正常的行为。我们要能站在对方的角度思考问题，运用同理心与对方产生心理共鸣，满足其心理需求，从而使其情绪慢慢冷静下来。

二、为对方虚拟竞争对手，给其施加压力

对自己非常中意的合作，人们最担心竞争者来抢生意。一旦发现快要到手的生意被竞争对手看中，就会因为想要尽快抓住机会而尽早做出让步。所以，谈判时同时邀请相互竞争的对手来进行谈判，可以为自己谋取有利的谈判地位。最好不要在与其中一方达成最终协议前过早地结束与其他谈判方的谈判，甚至还可以有意无意地给对方透露一些其竞争对手的情况。在现实商业活动中，拍卖、招投标等形式都是这一策略的具体运用。

美国谈判学专家罗杰·道森曾经说过："编造的信息有惊人的力量。"我们在谈判时可以为对方虚构一个竞争对手，只要不露出破绽，就可以起到震慑对方、使其尽快做出决定的作用。

谈判心理学
制造强势心理势差的谈判技巧

案例 33 老板用客户资料制造竞争局面，客户因害怕失去机会而购买

由于发现新的商机，食品公司老板打算卖掉公司，以获得新事业的启动资金。为了降低成本，他没有在电视上投放广告，而选择在本地的网络社区投放广告，很多人前来洽谈购买事宜。

不过这位老板发现，很多人来这里询问只是试探一下价格而已，根本没有购买的打算。只要他一报出价格，对方便立刻摇头皱眉，认为价格太高。有的人会砍价，而有的人说也不说，直接掉头就走。

老板急于将公司转手，照这样下去，时间和精力他都浪费不起。后来，老板想了一个好办法：凡是前来询问价格的人，老板都要求其写下需要的购买条件和购买理由，最后是联系方式。随着资料的丰富，老板把这些资料整理成一份文件，以后再有人前来询问价格，老板直接把文件提供给客户，让他们参考。

这种做法收到了奇效，很快他就把公司以满意的价格售卖出去了。之所以出现这样的结果，是因为那些顾客资料使看资料的客户形成了一种竞争心理，以为这家公司很抢手，如若不抓紧时间，很有可能会错失良机。

由于谈判之前双方所掌握的信息并不全面，也不确定，所以谈判人员可以利用这一点，在制造竞争局面时虚假结合，亦真亦假，赢得最大利益。当然，我们也要注意对手所制造的虚假竞争局面，以防自己被动。

> **谈判技巧**
>
> 作为谈判人员，我们要抓住对手的心理，前提是了解自己的筹码。一旦发现我方的筹码对对方很重要，对方一定非常害怕失去这笔交易。因此，我们就可以营造出一种虚假的竞争局面，因为这种竞争局面，对方害怕失去机会的心理逐渐占据主要位置，这就促使对方为了保住机会而主动妥协。

三、说话要留有余地，不要把后路堵死

世上无绝对，把话说得太满，不留余地，容易引起别人的怀疑或者排斥。现实生活中，很多人自以为是，总觉得自己的想法绝对正确，不会出错，因此把话说得非常绝对，丝毫不给自己留余地。有的人为了充面子，显得自己很有能耐，故意说大话。这样的说话方式经常会给他们带来麻烦，使其陷入尴尬的境地。

加强话语攻势，抓住机会找到谈判突破口

比如，当我们十分肯定地说："事情就是这样的，我说得绝对错不了。"别人心里就会产生怀疑："难道事情真如他说的那样丝毫不差吗？"即便我们说的就是事实，别人也可能从细枝末节处寻找漏洞。

谈判时，对方会竭尽全力寻找我们说话的漏洞，正是由于存在这种情况，我们在谈判时尽量不要把话说满，要给自己留下退路，避免自己进退两难。

这个世界错综复杂，偶然情况不计其数，许多不确定的因素可以发展成为各种结果。这种结果往往并不被我们所掌握，在一件事情发生之前没有人可以预见结果。我们要相信自己，但这并不是让我们拍胸脯、打包票。

案例 34　向朋友夸口保证能借到车，违背承诺后被朋友孤立

韩海群和张仲梁是好朋友，在一次聚会上，韩海群听说张仲梁要张罗一场盛大的婚礼，需要用到十几辆轿车，他主动表示："你把这事就交给我吧，我认识的人多，很多人都有车，到时候保准给你弄十几辆好车。"

张仲梁听了非常高兴，于是就把这件事交给他去办。他拍着胸脯说："这事交给我你就放心吧，到时候你带人直接来开车就行了。"

婚礼前一天，张仲梁问韩海群："轿车都准备好了吧？"

韩海群这才忽然想起借车的事情，一拍脑袋惊叫道："哎呀，你看看我这脑子……没事，这对我来说是小事儿，我现在就打电话给你找车。"说完，他开始打电话，然而电话那边几乎都是说自己要用不能借，结果费了九牛二虎之力才借到几辆而已，远远不够。最后他只好无奈地把实际情况告诉张仲梁，表示自己现在没办法弄到那么多轿车。

张仲梁十分气恼，吼道："你怎么能这样呢？当初你拍着胸脯保证，我以为这件事情真的没问题呢！到了节骨眼上你却说借不到车了，你让我怎么办？你该早点儿告诉我啊，起码也让我提前准备一下。"

韩海群满脸羞愧地说："都怪我，都怪我，真不好意思。"

张仲梁苦恼地摇摇头，说："我真对你无话可说了！"韩海群夸口借车却没借到的事情很快就传开了，大家再也不敢把事情托付给他去办了。

说话过于绝对容易失去别人的信任，让人觉得夸大其词。以防说到却没有做到不如事先就低调。说话不绝对才可以容纳意外，使自己进退自如。毕竟谦虚能给人留下好印象，而一味地拍胸脯保证只会让人觉得我们不够稳重。

如果可以答应别人的请求，最好不要说出"保证"，而应该代之以"我尽量""我试试看"这类字眼。词语的不确定性可以降低对方的期望值，既能表达自己的诚意，还表现出谨慎的态度。这样一来，即便做不到或是做得不够好，对方也不会责怪我们。而假如出色地完成了任务，往往会超出对方的预期，使其喜出望外，这种超出预期的喜悦也会给我们带来很多好处。

> **谈判技巧**
>
> "话不要说满，事不要做绝。"给自己留有余地，这不仅是一种保守、稳妥的谈判策略，也是成熟、稳重的体现。给自己留有余地的方法之一是使用模糊的语言，在表达出基本意思的前提下给自己放宽标准，既能在做不到时免受对方的责怪，也能在做到时使对方喜出望外，给其留下好印象。

四、话中带话，用言外之意给对方传达观点

每个人都是独立的个体，做任何事情都会服从于自己的意识，谁都不愿让自己的思想受其他人的控制和干涉。因此，在谈判时，一定要照顾到对方的自尊心，在进行说服时应该运用合理的方式，不能把自己的观点强加给对方。

想要使对方改变主意并非是轻而易举的事情。如果想让对方接受我们的观点或建议，需要琢磨方法和技巧，使对方在潜移默化中接受我们的意见。

尽管真诚是待人处事的准则，但直炮筒子不会受到别人的欢迎。我们直接向对方提出要求，假如要求不大，或者我们提出的意见并不尖锐，对方轻而易举就可以办到，那么对方往往不会拒绝。假如我们提出的要求本身就难以启齿，意见比较尖锐，事关重大，对方很有可能会立即拒绝。因此，在这种情况下就要旁敲侧击，引导对方逐步接受我们的意见。

话中带话是一种间接的交流方式，它的存在是一种实际需要。在谈判过程中，其中一方可能不得不表现出不妥协的姿态，但为了达成协议又不得不妥协。这种双重压力困扰着双方。为了最大限度地减少摩擦并把谈判条件传达给对方，就可以采用话中带话的方法。在这种情况下，即便对方拒绝了我们的请求，也不会失掉面子。

也就是说，话中带话这种间接的沟通方式可以帮助谈判者在不伤面子的情形下悄悄地放弃原先的目标，而某些偏差了的目标也可以通过这种沟通方式加以修正。

谈判的最好结果便是双方在没有产生对抗情绪的基础上达成一致。要想获得这

样的结果，不妨使用暗示和旁敲侧击的办法，这样可以让对方读懂言外之意，给双方的交流多些缓冲，更有利于达成一致意见。

> **谈判技巧**
>
> 把观点强加给对方，对方会认为我们是在盛气凌人地压制自己而感到气愤，从而产生敌对心理，不利于谈判工作的开展。要想说服对方，可以委婉地提出自己的意见，以言外之意传达自己的观点，使对方渐渐认同我们的意见和观点。

五、软磨硬泡，用耐心和韧性拖垮对手的意志

要想赢得谈判，有时也要运用软磨硬泡的谈判技巧。软磨硬泡不是胡搅蛮缠，不是死皮赖脸，而是通过一定的方法使对方接受自己的谈判条件。

在商业谈判中，软磨硬泡侧重于耐性和韧性，用不屈不挠的意志力拖垮对手的抵抗，从而达到自己预期的谈判目标。要让对方从软磨硬泡中看出我们的诚意，让其知道如果达成一致，我们会竭尽全力完成合同义务；如果达不成一致，我们还会继续谈下去。软磨硬泡的基本策略主要有疲劳战、泥菩萨、挡箭牌、磨时间、车轮战等。

1. 疲劳战

我们可以与对方在某一话题上进行长时间的谈判，使对方的身体出现超负荷状态，从肉体和精神两个方面感到疲劳，从而使其出现漏洞，甚至动摇立场。

2. 泥菩萨

沉默应对，不仅会使对方看不清我方的虚实，磨掉对方的耐心，还可以让我们更多地了解对方的意图，使其交出谈判的主动权。一般情况下，当我们了解市场、产品、对方的情况以及双方的相互需求强度时才适合采用这一策略，但是这一策略不可以在一次谈判中多次使用，以免造成对方的反感。

3. 挡箭牌

当我们不同意对方的立场和方案，而要坚持自身条件时，可以寻找各种遁词，比如使用金蝉脱壳策略，隐藏自己手中的权力，将解决问题的权力推到上级身上。

4. 磨时间

当我们不想退步而又知晓对方的谈判期限时，可以放慢节奏消耗谈判时间，并在此期间善待对方，使双方关于谈判重要议题的时间遭到挤压，造成谈判的低时效，这会让那些觉得时间比较紧迫的对手主动做出一些让步。

5. 车轮战

我们可以多派几个人，针对其中的重要议题轮番与对手进行谈判，使会场弥漫着一种紧张的气氛，给对手造成沉重的精神压力，迫使其因为疲于应对而主动退让。

不管双方的认识存在着多大的差距，只要我们反复表达出自己的诚意，就有可能软化对方的固执己见，使其理解我们的立场，最终认同我们的意见。

案例35　土光敏夫软磨硬泡银行营业部长，使其败下阵来而获得贷款

1946年4月，土光敏夫担任石川岛芝浦公司的总经理。当时，二战刚结束，日本国内人们生计窘迫，而企业发展更是困难重重，其中最大的困难就是筹措资金。

土光敏夫担任总经理不久，公司的生产资金就捉襟见肘了，资金随时都有断裂的危险。为了筹措资金，土光敏夫不得不每天走访银行，寻求贷款支持。

一天，土光敏夫端着盒饭来到第一银行总行，与后来升为行长的营业部部长长谷川重三郎商议贷款事宜。土光敏夫与长谷川重三郎刚一见面就摆出了一副不达目的誓不罢休的气势。长谷川重三郎则表现出非常无奈、无能为力的样子。双方谈了很久，一直没有谈妥。

就这样过了几个小时，长谷川重三郎有些疲倦了，想要离开，这时土光敏夫慢条斯理地拿出了带来的饭盒，说："让我们边吃边谈吧，谈到天亮也行。"他硬是不让长谷川重三郎离开。长谷川重三郎只好留下来继续和他谈判，最终败下阵来，借给了他所希望拿到的款项。

实施"软磨硬泡"，脸皮一定要厚，要克服害羞和自卑的心理，不能一遇到拒绝就不敢再次提出意见。我们要特别明显地表达出"不达目的誓不罢休"的决心，拿出耐心和诚意，厚着脸皮主动出击。

比如，客户说："让我再考虑一下。"我们可以对他说："看来我们的产品确实有一定的优势，不然您是不会花时间考虑的，对吧？是不是我说得不够清楚？如果确

实如此，我可以说得更详细一些……"这些话会让客户觉得我们是一个不轻言放弃的人，如果正好说中客户的心思，客户就会主动与我们做进一步的交流，这样就朝着成交迈进了一步。

需要特别注意的是，使用软磨硬泡策略时一定要适度。软磨硬泡，并非消极地耗费时间，也不是死乞白赖地和对方耍赖，一味地死缠烂打，而是采取积极的言行影响对方、感化对方，使其改变主意。

> **谈判技巧**
>
> 谈判中，如果对方不同意我们的意见，可以使用软磨硬泡策略，用积极的言行影响对方的想法，可能刚一开始我们会遭到拒绝，但我们只要坚定不移，敢于放下脸面，表达出自己的诚意，对方就会感受到我们的真诚，就可能做出让步。

六、吊足对方的胃口，使其心甘情愿上钩

一般来说，人们都有逆反心理，对别人的强烈要求往往会反其道而行之。要想达到目的，就应该吊足对方的胃口，使其内心激起强烈的好奇心，产生与我们交流的欲望，这就是"吊胃口"策略。

运用"吊胃口"策略的关键点在于使对方永远得不到满足，使其欲罢不能。就像垂钓一样，我们慢慢地下钩，再慢慢地收钩，用诱饵不断地刺激对方，吊起对方的胃口，在这一过程中我们能够逐渐抢占先机。

"一流的人创造机会，二流的人把握机会，三流的人等待机会。"我们要创造机会并把握机会，就需要吊起对方的胃口，使对方主动与我们交流，愿意和我们交流，并且一直想保持联系。那么，具体该怎样做呢？

1. 请教别人

请教别人只是打开话题的一种方式，所以我们所请教的事情必须是对方举手之劳的事情，如果事情过于棘手，对方一般不会答应。比如，如果向对方请教一个其非常拿手的问题，对方肯定会痛快地做出回应；而如果想向对方借一笔钱，对方可能会迟疑。

谈判心理学
制造强势心理势差的谈判技巧

案例36 业务员谈论射击话题而避谈合作事宜，使客户主动提起合作

李建文是一家公司的业务员，有一次经理安排他去另一家公司商谈合作之事。不过，这个差事可不容易，之前经理已经带着李建文和对方谈过一次，但对方的老板马总提出的条件非常苛刻，表示没有回旋的余地。

经理吩咐他去商谈这件事情时，并没有抱太大的希望，只是让他安排一场饭局，这样一来就算生意没谈成，"买卖不成仁义在"，以后说不定还有合作的机会。

李建文与马总在酒店见面，和马总谈论了很多与工作不相关的话题。李建文之前去过马总的办公室，曾看到过一张马总获得射击冠军的照片。李建文对射击也很感兴趣，但只是稍微了解一些，水平不是很高。想到这些，李建文就说道："马总之前获得过省里举办的射击比赛冠军？我还听说过您的不少事迹，这让我非常敬佩您。您不仅是留学回国的博士，成立了这么大的公司，还是体育健将，真不简单啊！"

"哪里，哪里，你过奖了！"马总听到别人提起自己的荣誉，脸上笑开了花，话也多了起来。

李建文见马总的话变得多了起来，就一直顺着射击的话题说了下去。他说："其实我也非常喜欢射击，业余时间偶尔练习一下，但一直不得要领，水平提升不上去，要是您能给我指点指点就好了。"

"你过谦了，既然咱们都是射击爱好者，有时间可以切磋一下，多交流一下经验。"马总虽然表现得很谦虚，但难掩得意之情。

"您看，我们只顾说了，忘了吃饭了。来，马总，我敬您一杯，酒逢知己千杯少，我先干了，您随意！"李建文爽快地喝光了杯中的酒。

一直到吃完饭把马总送走，李建文始终没有提合作的事情。没过多久，李建文约马总一起练习射击，马总主动提到了合作的事情，最后双方愉快地建立了合作关系。

2. 遗留话题

使用这种方法时，要把握好双方交流的进程，在双方聊到尽兴时保留自己的观点，阻断对方的"求知欲"。这时我们可以主动索要对方的联系方式，然后说："不好意思，我突然有些事情需要处理，今天和您聊得很愉快，真想和您一直聊下去。有时间我一定再约您好好聊一次，您说好不好？"由于对方的兴致正高，面对我们

如此诚恳的请求，一般不会轻易拒绝。

要想吊足对方的胃口，就要了解对方的需求并充分利用这种需求。如果我们事先对别人没有了解，没有做好充分的准备就直接谈判，做不到"知己知彼"，就无法使谈判顺着自己所希望的方向发展下去。

悬念是一种诱惑，是吊足对方胃口的一种有力手段。与别人谈判时，可以先引出对方感兴趣的事物，却不说明白，等到对方的好奇心被激发出来后，对方会非常急切地想要知道接下来的事情，这时我们再慢慢讲述，让对方跟着我们的思维节奏走。

> **谈判技巧**
>
> 我们主动不如对方主动，吊足对方的胃口，像钓鱼一样以话题为诱饵吸引对方，制造出悬念，促使对方一直想和我们交流，甚至主动提出我们本来想要提出的请求，最后达成一致。

七、事实胜于雄辩，让对手败在铁一般的事实面前

事实胜于雄辩。当对手提出对我们不利的看法时，我们可以搬出事实来对抗对手。那么，我们应该如何做呢？

1. 我们要对事实有所了解

谈判中，我们掌握着对自己十分有利的事实，但同时也存在对自己不利的事实。因此，要在谈判过程中注意到这两种事实的存在，避免当对方提出对我们不利的事实时束手无策。

2. 与对方提出的不利事实针锋相对

当对方提出对我们不利的事实时，我们可以针锋相对地提出对自己有利的事实加以反驳。比如，当对方说我们的产品价格比同类产品高时，就可以反驳说自己的产品质量比同类产品好。

3. 态度要公正、坦诚

没有人愿意听到别人谈论自己的缺点，同样谈判者也不愿意听到对方指出对自己不利的事实，但为了维持长期的合作关系，我们应该公正、坦诚地正视不利事实，然后提出对自己有利的事实，使对方感受到我们的诚恳态度，从而对我们产生信任感。

谈判心理学
制造强势心理势差的谈判技巧

　　这样做要比一味地掩饰不利事实、刻意渲染有利事实高明得多，尤其当对方比较熟悉我们的情况时，这种做法会对谈判产生有利的影响。俗话说："耳听为虚，眼见为实。"纵使我们把产品吹得天花乱坠，如果没有铁一般的事实加以佐证，说出来的话便没有说服力和谈判力。

案例 37　电器公司推销员用简单事实否定客户质疑，并趁机促成新订单

　　阿里森是美国一家电器公司的推销员。不久前他刚开发了一个重要客户，这一次打算再去客户那里推销一批新型电机。

　　然而，阿里森刚到这家公司就迎来了该公司总工程师劈头盖脸地训问："阿里森先生，你这一次又来干什么？难道说你还想让我们再次购买你的电机吗？"总工程师满脸怒气，想把阿里森拒之门外。

　　阿里森对此疑惑不解，在了解情况之后才明白，原来这家公司认为刚从阿里森手里购买的电机出现了故障。对方认为电机发热超出正常标准，正打算找阿里森讨要说法，没想到他自己送上门来了。

　　阿里森知道不能强行与客户争辩，这对双方关系没有任何好处。本来对方就有误会，如果采取不理智的做法，误会还可能会加深，甚至出现难以控制的局面。想到这些，阿里森决定采用温和的方式与对方理论，以便消除对方的敌意和误会。

　　阿里森对该公司的总工程师说："好吧，史密斯先生，我想得和您一样。如果上次你们购买的电机发热确实过高，就算你们再次购买我们的产品，之后还是会退货，不是吗？"

　　总工程师回答道："这是肯定的。"

　　阿里森又说："电机肯定会发热，但您肯定不希望它的温度超过电工协会所规定的标准，是不是这样？"

　　总工程师点点头，表示赞同。

　　接下来，阿里森开始讨论具体问题了。他问总工程师："按照电工协会所规定的标准，电机温度比室内温度高72℃是被允许的，是不是这样？"

　　"是这样的。"总工程师回答道，"但你们所提供的电机温度大大高于这个标准，根本无法触摸，这的确是事实。"

　　阿里森这时并没有与总工程师争辩，而是反问对方："你们车间的温度是

多少？"

总工程师稍微思索了一会儿，回答道："大概75℃左右。"

阿里森高兴地拍了拍总工程师的肩膀，对他说："那好，咱们来算一算，车间温度是75℃，再加上应高出的72℃，一共是147℃。我们平常把手放到100℃的开水里会不会被烫伤呢？"

总工程师这才发现自己搞错了，只好点头称是。

阿里森趁机说道："电机本来就不能用手直接触摸的。请您放心，这些电机的温度完全正常。"

因为这一次的沟通，总工程师更加信任阿里森，而阿里森趁机又谈成了一笔新订单。

从这个案例中可以看出，对谈判中双方有争议的问题，我们最好能够引用事实进行论证说明。在应对谈判对手提出的不利事实时，可以通过一些双方都认可的客观事实使对方点头称是，最后将问题引导到对自己有利的结论上来。

如果想在谈判中取得主动地位，击败对手，赢得谈判的胜利，最有效的武器莫过于提出对自己有利而对对方不利的事实。我们只要大量掌握这种事实，并以此作为谈判的论据，即使对手再强大也会败在铁一般的事实面前。

> **谈判技巧**
>
> 要想成功应对谈判对手提出的不利事实，我们可以根据客观事实与对手讨论双方都认可的事实，逐步推导出对对方不利的事实，使其心悦诚服。当然，在提出对对方不利的事实时我们也要保持客观、公正的态度，让对手发自内心地信服。

八、别只顾发表观点，提问对方更易获得主动权

很多谈判者认为谈判时滔滔不绝地发表自己的观点能够将对方的气势压制下去，使其没有说话的空间，从而屈服于自己。其实，这样做很可能会产生副作用，甚至让对方产生逆反情绪。谈判高手从来不会多费口水，他们会把50%的时间用来倾听，而剩下的时间则根据自己听到的信息不断地向对方提问，以此来获得更有价值的信息，为自己增加谈判的筹码。

提问的重要性就在于，只有通过不断提问，才能掌握对方的立场、兴趣、关注点等，进而找到双方都满意的解决方案。

谈判主要是双方通过沟通进行心理上的较量，要想不被动，而是占据上风，就

谈判心理学
制造强势心理势差的谈判技巧

应该多提问、少回答。

案例 38 农机制造公司代表通过提问掌握对方弱点，趁机延长了账期

某农机制造公司想要扩大供应商的范围，于是找到当地一家零部件加工厂，提出了合作的想法。于是，双方约定在一家酒店进行谈判。

谈判桌上，农机制造公司的谈判代表很热情地说道："我们非常想和贵厂展开合作，不知贵厂对这次合作有什么意见，你们说出来以后咱们再做商议。"

零部件加工厂的谈判代表提出了自己的一些意见和要求，其中的一项是要求农机制造公司在产品运输方面给予最大的优惠政策。

农机制造公司谈判代表问道："请问贵厂是否在运输上存在一些问题呢？"

对方不假思索地回答道："我们厂资金周转比较困难，所以一直缺少运送零部件产品的货车。"

农机制造公司的谈判代表获得这条重要的信息后，说："既然贵厂有困难，我们自然可以提供帮助。不过希望贵厂可以延长账期，从之前的15天延长到30天。"

零部件加工厂虽然资金紧张，但是又不想放弃这次合作机会，只好答应农机制造公司的要求。其实，农机制造公司与每一个合作伙伴合作时，都是自己负责产品运输。但零部件加工厂谈判代表在谈判时首先开口，不小心暴露了自己公司的弱点，才被农机制造公司谈判代表拿来大做文章。

提问在谈判中的重要性可以从这个案例中得到一定的体现。谈判过程中，提问的作用主要有以下几个方面。

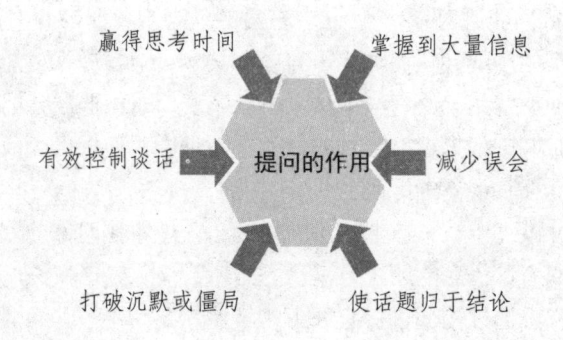

- 赢得思考时间
- 掌握到大量信息
- 有效控制谈话
- 提问的作用
- 减少误会
- 打破沉默或僵局
- 使话题归于结论

第五章
加强话语攻势，抓住机会找到谈判突破口

1. 赢得思考时间
人们在回答一个问题时，必须调动大部分思绪和注意力，这时往往不能对下一步计划进行充分的思考。谈判高手通常会利用这一点，向对方提问回答起来比较费时间的问题，为自己赢得思考的时间。

2. 掌握到大量信息
有提问就有回答，只要提问得当，通过提问引起对方的注意，既可以为对方的思考提供既定的方向，也能从对方的话语中获取自己不了解的有效信息，从而使我们更多地了解对方的情况。

3. 有效控制谈话
一直回答对方的问题，等于自己一直受到对方的话语控制。谈判高手绝不会让对方用提问来控制谈判，如果对方一直在提问，他会说："我已经回答您一个问题了，现在该我问您了。"以此来重新控制谈话的节奏。

4. 减少误会
通过提问可以了解对方是否已经完全理解自己的意思，或者确认自己是不是听错了对方的意思，以保证彼此之间的顺畅沟通，减少发生误会的可能性。

5. 打破沉默或僵局
如果谈判过程出现冷场或僵局一直不能打破，这很有可能导致谈判中断。此时，我们可以利用提问来打破沉默，比如问"咱们换个话题，好吗？"或者"您还有什么想法吗？"等，进而推动谈判继续进行下去，以便了解更详细的情况。

6. 使话题归于结论
谈判不可能无休无止，总有结束的时候。只要我们感觉可以结束谈判了，便可以通过提问的方式向对方发出建议，使话题归于结论，例如"该是做决定的时候了吧？""是时候采取行动了，对不对？"

> **谈判技巧**
>
> 恰当的提问有利于我们驾驭谈判的进程。有研究数据表明，精明的谈判者提出的问题比一般水平的谈判者提出的问题至少要多出 2 倍。因此，我们在谈判中要多提问、善于提问。

九、话语攻势别太激烈，小心伤人又伤己

谈判过程中，我们不能只顾自己说话，企图利用激烈的话语攻势来压倒对方，这样做有可能产生难以挽回的后果。

话语攻势要讲究"度"，也要讲究方式，最好要含蓄委婉，通过暗示向对方传达自己的攻势。我们要对言语出口后可能产生的后果进行预测，确定自己的说话分寸，否则表达不准确或表达不到位也会使自己陷入被动、尴尬的境地。

案例39　谈判代表话语攻势过于激烈，对方难以忍受，谈判破裂

北京某公司与深圳的一家公司洽谈购买原料的事宜，当双方谈判代表入座之后，北京公司的谈判代表并没有与对方商谈采购项目的重点问题，而是讨论对方公司业绩下滑的问题，这无疑是向深圳的这家公司发起了猛烈的攻势。

由于北京公司的谈判代表掌握了深圳公司的不利信息，再加上北京公司的谈判代表具有主场优势，说话时带有挑衅的意味："欢迎各位到我们公司会谈，这次谈判如果能够达成协议，一定会对贵公司起到很大的帮助，使贵公司的财务报表更好看。听说贵公司已经陷入严重的财务危机，经营情况越来越差，股价也出现暴跌。"

还没等深圳公司的谈判代表回应，北京公司的谈判代表又说道："不知道贵公司为何出现这么糟糕的局面，能否说一说呢？"

尽管深圳公司的谈判代表非常不高兴，但还是耐心地进行了解释。不过北京公司的谈判代表并没有认真地听其解释，而是粗鲁地打断了对方，指责对方避重就轻，并继续追问，深圳公司的谈判代表只好继续回答。

北京公司的谈判代表一直就这个问题追问深圳公司的谈判代表，深圳公司的谈判代表疲于应对。不仅如此，后来北京公司的谈判代表又提出了一连串与采购毫无关联、让对方无法回答的问题，这些问题纯属对方企业的战略发展和投资方面的问题。

面对北京公司方面的百般刁难，深圳公司的谈判代表最后忍无可忍，决定终止谈判。

本来这场谈判可以达成双赢的局面，但因为北京公司谈判代表的话语攻势过于激烈，让对方十分难堪，最终导致谈判的破裂。

因此，谈判中我们一定要掌握好话语攻势的度，把话说出口之前一定要先思虑一下后果，否则说出去的话就如同泼出去的水，覆水难收，使自己陷于被动，得不偿失。

第五章
加强话语攻势，抓住机会找到谈判突破口

> **谈判技巧**
>
> 谈判时，我们要照顾对方的心理承受能力，不要出言不逊，说话时要给对方留有余地，掌握好分寸，这也是为自己留台阶，否则把对方逼入死胡同，其别无选择，谈判只能走向破裂。

十、让对方不停说"是"，无声无息掌握主动权

潜能大师安东尼·罗宾曾说过："判断成功者与不成功者的最主要的判断依据是什么呢？一言以蔽之，那就是成功者善于提出好的问题，从而得到好的答案。"由此可以看出，要想赢得谈判，需要巧妙地向对方进行提问。

对于那些有"选择恐惧症"的人来说，他们在做决定时往往显得犹豫不决，害怕做出抉择。谈判过程中，这样的人往往表现出提问非常多、所需时间长的特点。这时我们就要向对方提问，在无声无息中掌握主动权，让客户在我们可控的情况下做出决定。

案例 40　销售员通过提问让对方一直说"是"，成功预约客户看样车

李伟琴是一名汽车销售人员，她遇到一位穿着十分时尚的中年女性，了解到对方家里准备购买一辆车。不过，由于这位女士有其他事情，她便把自己丈夫的电话告诉了李伟琴。于是，李伟琴向这位女士的丈夫打去电话。下面是电话中的通话内容。

李伟琴："您好，张先生，这个电话是您太太告诉我的。听她说最近你们家想要购置一辆中档车，不过最终需要您做出决定。"

张先生："对，我们是有这个想法，但到现在还没确定要买什么样的车。"

李伟琴："听您太太说，你们都喜欢车内空间比较大的。"

张先生："是的。"

李伟琴："那么 SUV 应该比较适合你们家吧？"

张先生："是的，SUV 比较适合。"

李伟琴："我想您肯定喜欢自动挡的车，对吗？"

制造强势心理势差的谈判技巧

张先生:"是的。"

李伟琴:"那您是否觉得带全景天窗的 SUV 自动挡车型是你们的最佳选择呢?"

张先生:"哦,是的,我们只会买 SUV 的自动挡车。"

李伟琴:"那太好了,我们这里正好有几款车符合您的要求。您想什么时候来看样车呢?"

张先生:"等周日吧。"

李伟琴:"好的,周六我会给您打电话再次确认。再见,张先生。"

我们进行提问时,必须能够肯定对方回答"是的",否则不要局限于问只有"是"与"否"两个答案的问题。我们还可以问二选一的问题,这样对方在一般情况下无法拒绝回答。那些经验丰富的谈判者总是能够利用有针对性的提问来逐步实现自己的谈判目的,还可以通过巧妙地提问来获得继续与谈判对手保持友好关系的机会。

> **谈判技巧**
>
> 让对方一直说"是",或者让对方回答二选一的问题,能够使对方在我们设定的框架下沟通,这就等于谈判的主动权掌控在我们手上,既有利于我们获得想要的信息,获知对方的底细和需求,还有利于我们提出更有针对性的问题。

第六章

提升自身感染力,不用打嘴仗就能让对方甘拜下风

谈判需要口才,但并非是打嘴仗。如果我们的自身感染力足够强大,甚至用不了三言两语,对方就会被我们的实力所折服,进而甘拜下风,主动让步或者快速妥协。

一、运用文件战术，让对方被你的"精心准备"所折服

成功属于有准备的人。在谈判开始之前，我们需要做好准备，了解对方的详细情况，整理好谈判文件。在未谈判之前，文件资料是最能直观展现我们准备情况的工具。精心准备的谈判文件会给对方带来强烈的压迫感。毕竟面对一个"武装到牙齿"的谈判对手时，获得谈判胜利的希望就变小了。

要想发挥"文件战术"的效果，最好是在谈判开始之前，也就是双方隔着谈判桌坐下来的时候。如果等谈判已进行至某一阶段才突然搬出大批文件资料，对方很有可能会起疑心。携带大堆文件资料进行谈判是为了让对方知道自己准备得有多周到，对谈判内容的了解有多深入，而中途才搬出大批文件资料，对方基本上就不会如此设想了。

另外，"文件战术"的运用要有始有终。第一次搬出文件资料后，不要忘了在之后的谈判中把文件资料放在身边，否则会引起对方的怀疑，认为我们是在虚张声势，用文件吓唬他们，文件资料根本就无足轻重。如果有不再携带文件资料的理由，则要向对方详细说明，使其了解清楚。

当我们在谈判中把所有重要的事项都讨论完之后，只剩下若干个次要问题，这时就可以结束"文件战术"了。但在撤走文件资料之前，最好向对方说明："咱们已经把所有的重要问题都谈过了，这些资料已经用不着了。"如要谈判场所发生变化，不方便继续携带大量的文件资料，也必须向对方阐明原因："资料太多，也没什么用了，带起来不太方便。"总之，当我们认为已经没有必要继续使用"文件战术"时，必须把理由向对方解释清楚，不要使其心生疑窦。

> **谈判技巧**
>
> 谈判开始之前，我们可以用文件资料给对方施加一定的压力，让对方被我们的精心准备所折服。不过，运用"文件战术"要有始有终，如果因为某种原因我们不宜携带文件资料，一定要把原因向对方说清楚，打消对方的疑虑。

二、谈判中处于劣势时要镇定自若，不能崩盘

谈判时可能会遇到对方情绪激动、愤怒不已的情形，这时要学会镇定，千万别让谈判桌变成战场，也不要被对方吓倒而不知道如何挽回局面。

当我们在谈判中处于劣势时，应该镇定自若，维持谈判大局。我们可以冷静地说："希望您能冷静一下，不要冲动，请允许我谈谈我的想法。"这样可以暂时缓解紧张的局面。当双方冷静之后，谈判气氛就不会被破坏，才有可能听到对方说出真心话，然后依此找出问题的根源并采取相应的对策。比如这样回答："正如您所说的那样，不过……"当我们说完之后，对方会认为我们已经意识到了自己的错误，于是逐渐消除对我们的敌意，慢慢听取我们提出的意见或建议。

案例 41　顾客因为产品问题大闹公司前台，售后服务主管镇定化解投诉

王波购买了几罐奶粉，这些奶粉出自某乳制品公司。当他看到一罐奶粉里居然出现了一只活苍蝇时，立刻怒气冲冲地来到乳制品公司前台讨要说法。由于他的叫喊声很大，很快就引来了许多人围观。

前台接待员感觉自己处理不了这件事情，立刻给售后服务部主管张贤打电话。张贤很快赶到现场，他没有推卸责任，而是询问了事情的详情。王波见张贤如此镇定，情绪很快就平稳下来，详细说明了情况。

张贤耐心听完，镇定地回答道："如果情况属实，我们公司一定会承担责任，因为我们绝对不会容忍这种严重问题的。不过我们在生产奶制品时都会将容器内的空气抽干净，装上奶制品之后再灌入氮气密封，因此罐内不太可能出现活苍蝇。不过既然问题出现了，我们一定会调查清楚的，哪怕是停产我们也要查清问题的根源。现在请您详细地说一说打开奶粉罐子时的情形，还有您在打开罐子之后是如何保管的……"

王波听了这番话，心里有些拿不准了，他忽然想起妻子平日里粗心大意，这件事有可能是因为妻子保管不善而引起的。想到这里，王波的说话声音变小了："算了，我就不追究这件事情了，只要以后不再发生类似的情况就行了。"说完，他尴尬地离开了。

张贤见王波理直气壮地提出投诉，并没有激动地做出争辩，而是镇定地请王波说明详细情况，然后向其做出了合理的解释，使其意识到可能是自己的失误导致了

此问题的出现，从而平息了一场纠纷。如果张贤惊慌失措，就可能无法找到解决问题的办法，这一纠纷可能会带来不好的影响。

有时谈判对手之所以挑剔，为的就是使我们情绪起伏而自乱阵脚，最终做出符合他们预期的决定。假如我们表现得不耐烦，谈判很有可能陷入僵局；假如我们唯唯诺诺，对方则会提出更多苛刻的要求。因此，遇到这种情况时，我们千万不要慌乱，首先要做的是让自己镇定下来，保持一个平和的心态和对方交流，当对方发现自己的方法无法奏效时，自然不会再提出无理的要求。

> **谈判技巧**
>
> 谈判中，双方的情绪对谈判结果有着重要的影响。情绪平和，谈判氛围融洽，双方达成一致的可能性较高；情绪激动慌乱，双方容易产生对立情绪，谈判就无法继续进行下去。因此，当我们处于劣势时，一定要保持平和的心态，镇定自若，不要被对方的气焰吓倒。

三、遇强则强，不要涨了对方的嚣张气焰

谈判过程中，如果对手胡搅蛮缠，我们很难通过摆事实、讲道理的办法说服对方。这时不妨改变策略，态度强硬起来，直截了当地回击对方。当我们突然强硬起来的时候，对方肯定会吃惊，想不到我们的态度会发生转变，想不到之前委婉、耐心的人居然不惜用冲突的方式来解决问题。这时对方很可能会被我们的气势压制，方寸大乱，难以按照其预定的方式与我们交涉。

当然，强硬并不一定是发脾气，有时我们可以按照对方的逻辑直接攻击对方的弱点，压制对方的嚣张气焰。很多人都存在一种欺软怕硬的心理，因此在谈判桌上与对方争论时，我们不能一味地忍让。对方如果确定我们不敢反击，就会越来越强硬，而我们就会处于劣势。所以，谈判中适时进行强硬的反击是必要的，这样做有助于消除对方的优越心理，将双方拉回到同一高度，由此我们才会重新掌握谈判的主动权。

案例 42 万向节厂长强硬拒绝美方独家代理要求，迎难而上打破美方垄断

1986年9月，在杭州万向节厂外贸洽谈室，厂长鲁冠球与美国俄亥俄州某公司国际部经理莱尔等人进行了一场紧张、激烈的谈判。

第六章

提升自身感染力，不用打嘴仗就能让对方甘拜下风

美方要求杭州万向节厂的产品由他们独家代理，而鲁冠球不同意，因为这意味着放弃很多机会，因此双方僵持不下。

莱尔自以为实力雄厚，胜券在握，便向鲁冠球抛出一个"撒手锏"："我希望您最好签订协议，不然我们将削减贵厂的出口数量，贵厂将承受巨额损失。"

美方公司总裁年纪很大，头发花白，风度翩翩，看上去很有教养，他慢条斯理地说："尊敬的鲁厂长，我们彼此之间展开合作是有很大好处的，我们可以向贵厂提供技术、资金、先进设备、市场情报、代培工程师，而条件只是独家代理。如果贵厂把产品出口给其他客户，那我们只好购买印度、韩国、巴西等国家的产品。鲁厂长，您到底要如何选择呢？"

这是美方的软硬兼施，鲁冠球早已心知肚明。他是绝对不可能让美方独家代理产品的，因为那样做就会限制自己的发展。鲁冠球沉着地答道："按照国际贸易惯例，我们之间只是卖方与买方的关系，将产品卖给谁是我们的权利，贵方无权干涉。我想我们应该相互合作、共同发展，因此我重申一遍：不同意签订独家经销协议！"

美方总裁猛地站起身，一边收拾皮包，一边说："这样的话，我们将停止进口贵厂产品！"随行外贸人员频频向鲁冠球暗示，但他有礼貌地说："随时欢迎贵公司代表回来继续合作。"

两位美商走远了，鲁冠球的内心里确实非常难受，因为当初正是这两位美商在广交会上发现他们的产品，并将产品打入国际市场的。

果不其然，两位美商回去之后便发出一份措辞严厉的信函，提出杭州万向节厂的产品存在问题，需要重新检验，要求付工费，并且之前计划在1987年购买的465万套万向节直接被削减到21万套，一下子打乱了杭州万向节厂的生产计划。

但世界之大，岂无英雄用武之地？鲁冠球迎难而上，在这一年开发出60多个新品种，打开了其他国家的市场，众多外商纷至沓来寻求合作。至此，杭州万向节厂终于打破了美方的垄断。

1987年圣诞节前夜，那两位美商特意赶来向鲁冠球表示歉意，并捧出一只栩栩如生、振翅欲飞的铜鹰赠给鲁冠球。铜鹰伫立在鲁冠球的写字台上，雄视远方。从此，杭州万向节厂与美方的合作关系翻开了新的一页。

实践证明，那些在谈判一开始就持强硬态度的人，一旦碰到对方同样强硬甚至比自己还要强硬时，态度往往会软下来。

因此，当遇到态度强硬的谈判对手时，我们的态度可以比其更强硬，直到双方都能心平气和地重新展开谈判为止；相反，如果我们一看到对方的强硬态度就做出妥协，对方必然会得寸进尺。

> **谈判技巧**
>
> 谈判中很多人都存在欺软怕硬的心理，当谈判对手向我们表现出一种非常强势的姿态时，为了不让其得寸进尺，我们有必要也表现出强硬的态度，让对方不敢轻视我们，在平等的基础上协商谈判。

四、运用莱斯托夫效应，彰显自己的个性

莱斯托夫效应由苏联心理学家莱斯托夫于 1933 年提出，指普通事物与特殊事物相比，人们更倾向于记住特殊事物，这是一种主动性的记忆，甚至不受意识的控制。只要情境或经历中出现差异，莱斯托夫效应就会出现。

为了证明这个效应，莱斯托夫曾做过一个试验：他找来不同年龄段、不同社会地位和不同社会认知的人，给他们提供一组毫无规律的字符串，他们需要在很短的时间内进行记忆。这些字符串当中只存在一个数字，比如 AQNVFLE8FTLQPZ，试验结果表明，人们最容易记住的内容就是字符串当中的 8。正是因为 8 和其他字母都存在着明显差异，才使其更加引人注目。

莱斯托夫效应的出现与人们的记忆特点有关，对于身边的许多事物，人们基本是无意识的记忆，也就是说没有自觉记忆，这种记忆带有某种偶然性。通过研究发现，莱斯托夫效应在人际关系中体现得最为明显。

那么，如何运用莱斯托夫效应，以此在谈判中彰显自己的个性呢？

1. 以眼神突出自信

自信和从容是个人魅力的体现。为了突出自己的个性，我们要展现自己的魅力。因此，展现自己的自信状态尤为重要。一般情况下，我们只要看一个人的眼神就能看出其是否自信。自信的眼神应该是正视对方，目光炯炯。如果我们以自信的眼神与谈判对手对视，心理上必然会占据优势。

2. 仪态突出优雅

优雅的行为举止会说话，能够体现出个人拥有的良好修养，这会给谈判对手留下较为深刻的印象，这就要求我们在谈判过程中不急不躁，落落大方。

3. 以语言突出幽默风趣

谈判时，我们可以将幽默和风趣巧妙地融入自己的语言中，在很短的时间内展现自己的幽默个性，对方自然会记忆深刻。

4. 以行动突出热情

谈判开始时，我们可以主动地与对方握手，面带微笑地介绍自己。这样很容易营造出良好的谈判气氛，并让对方认为我们是热情、友好的人。

5. 让服饰突出优势

人靠衣装。服装也是塑造第一印象的一种有效方式，服装搭配要讲究技巧，穿着要想得体，服饰要和自己的身材和性格保持一致，也要符合谈判场合的要求。我们应该多浏览一些时尚杂志或网站，根据自己工作的需要有技巧地打扮自己，让自己脱颖而出。

6. 让表情生动起来

表情在人际交往中至关重要，可以传递人的喜怒哀乐。如果我们想要给对方留下深刻的印象，可以使自己的表情生动起来，多一些微笑，流露出自己内心的真情实感，让对方感受到我们的亲切和与众不同，从而给其留下深刻的印象。

> **谈判技巧**　运用莱斯托夫效应来展现自己的独特个性，给谈判对手留下良好的印象，我们可以从眼神、仪态、服装、言行举止、表情等方面提升自我形象，使对方感受到我们的与众不同，从而为谈判营造有利的氛围。

五、借用神态语言展现自己的内心世界，抓住对方的心

沟通可分为语言沟通与非语言沟通两个部分，其中神态语言属于非语言沟通部分。某些情况下，神态语言相对于口头语言来说更有穿透力。因此，谈判时我们要善于利用神态语言传递自己的想法，于无声处打动人心。

每个人的神态都能反映其心理状态，比如，当一个人心情愉悦时，其神态是眉飞色舞、神采奕奕；当一个人心情烦闷时，其神态则是愁云密布、眉头紧锁。俗话说"相由心生"，一个人所表现出来的神态其实就是其心理的直接表现。因此，人们有时会利用神态语言让对方理解自己的用意。

谈判心理学
── 制造强势心理势差的谈判技巧 ──

在生活中，不同性格、身份、经历的人会有不同的神态。当我们表达内心思想情感时，神态语言必须准确、清楚，不能让对方摸不着头脑，无法体会出我们的真实用意。谈判时，我们可以通过神态语言表达自己的内心思想，彰显自己的喜恶，展现自己的内心世界。那么，如何利用神态语言打动谈判对手的心呢？下面基于神态语言体现的真实用意给出简单的介绍。

1."我对你说的话题很感兴趣"

在表达这一用意时，我们可以身体前倾，以头部动作和丰富的面部表情回应对方，点头表示"我同意你说的话"，微笑表示"我认为你说得有道理"，惊讶则表示"你说的话让我出乎意料"。倾听过程中，我们需要一直保持专注的状态，表现出对对方所讲话题的兴趣，这样对方很容易被我们所打动。

2."我对你很尊重"

谈话过程中，我们的眼睛要注视着对方，这是对其的一种尊重；随时保持微笑，胜过千言万语，以优雅而迷人的神态来打动对方。

> **谈判技巧**
>
> 神态语言虽然没有声音，但其效果非同小可。一个赞许的眼神、一个中肯的点头、一个灿烂的微笑足以表达千言万语，戳中对方的内心。不过，谈判中神态语言的表达，一定要准确，以免引起对方的误会。

六、谈判不要心太软，摆出"高姿态"压制对方

谈判中的"高姿态"策略是在谈判一开始就表现出比较强硬的姿态，哪怕是对方提出的很小的要求也不能轻易地做出让步。这样做可以消耗有限的谈判时间，并通过强硬的态度削弱对方的信心，让对方感觉到小要求我们都不让步，再提出更高的要求也就没有任何意义了，从而使谈判对手主动妥协。

使用这一心理策略时，我们一定要先观察对方达成协议的欲望是否强烈，如果这份协议对其来说无足轻重，那使用这一策略无疑是自己打自己的耳光，而且很有可能使整个谈判直接破裂。

第六章

提升自身感染力，不用打嘴仗就能让对方甘拜下风

案例 43　甲方摸清乙方底细，摆出高姿态丝毫不让步，乙方只好被动妥协

甲乙两家公司围绕着产品的代理价格展开了谈判。谈判第一天，甲方代表入场时显得非常轻松，给人以绝对自信的感觉。

谈判开始后，甲方代表首先说话："关于我们的产品质量以及研发情况，贵公司应该已经有所了解，就不用我再多说了。我现在需要通知贵公司一件事，近几天我们刚刚接到来自韩国某公司的邀请，他们打算帮助我们的产品正式进军韩国市场。我想贵公司对我们的产品不再有什么顾虑了吧？"

乙方代表说话的气势明显有些弱，他说："在产品方面我们很满意，只是希望贵公司可以降一降价格，这样我们才有能力接受。"

这时甲方代表马上回应："对不起，价格方面没得商量。"由于双方在价格上无法达成一致，第一天的谈判就此结束。

谈判第二天，甲方代表迟到了 2 分钟，并为自己的迟到向乙方代表道歉，但脸上仍然流露出很轻松的神情。这一次，乙方代表首先讲话："我们昨晚讨论了一下，假如贵公司能降价 0.5%，我们就可以拿下你们产品在××省的代理权，这样如何？"

甲方代表回答："价格没得谈。我们的产品现在很受欢迎，而且××省也有人与我们接触过，他们开出的价格比你们的要高。之所以要和贵公司展开合作，就是看在贵公司真诚合作的态度上，但在价格方面，真的不好意思，一分也不能少。"

甲方代表之所以如此强硬，除了自己的产品确实很受欢迎以外，他们已经了解到乙方原来与某日本某公司签订的购货合同由于国际贸易的影响而不能实现，日本那家公司迟迟不肯发货。而乙方又与国内某客户签订了供货合同，对方着急要货。因此，乙方必须尽早签订购买合同。他们现在不断地谈价格，只是希望尽量减少成本，但其始终处于被动的地位。

在最后一次谈判中，甲方代表仍然坚持以前的决定，甚至摆出一副无所谓的态度，说道："希望贵公司尽快确定下来，不然我们没兴趣继续谈下去了，想与我们公司合作的客户还多着呢！"结果，乙方代表害怕失去这次合作机会，只好以最初的价格签订了购买合同。

既然是故意摆出的高姿态，就不能心软，避免自己露出马脚。一旦对方发现有机可乘，我们的谈判策略就会落空。因此，使用这种谈判策略时，姿态一定要摆高。

不管对方说出多么大的困难，不管对方如何讨价还价，我们都要坚持己见，保持强硬的姿态。

> **谈判技巧**
>
> 摆出高姿态压制对方，这不是欺负人，这是为了争取自己的利益。不能因为对方表示有困难，我们就做出让步，这样再想获得最大化的利益就几乎不可能了。坚持己见，保持强硬姿态不放松，只要对方签订合同的欲望足够强烈，这一策略往往会起到作用。

七、向对方施压，重重压力使对方不得不服软

谈判要讲究策略，不能循规蹈矩。要想推进谈判的进程，我们可以向对方施压，使其在压力的逼迫下不得不重新调整计划，做出妥协。

向对方施压也是有针对性的，首先要认清压力的类型，然后根据谈判的性质找到适用于对方的压力。在谈判中，压力主要分为以下几种。

1. 生存压力

当谈判主体有较大的生存压力时，如资金流紧张，公司刚成立客户不多等，其生存需要会支配谈判行为。因此，在一些谈判中，我们可以向对方施加心理影响，强化对方的生存危机感，促使其做出妥协与我们合作。缩短谈判时间，我们则可以获得更多的利益。

2. 时间压力

谈判中，时间上的压力可能会让谈判对手做出其本不愿意的让步，或者出现不应该犯的错误，比较典型的就是"最后通牒"策略。

3. 经济压力

受到经济运行状况的影响，谈判对手可能承受着巨大的经济压力，这时对方迫切地寻求合作，扩大贸易，增加资金来应对这种压力。所以，我们可以强调合作对其产生的利益以及谈判破裂产生的不利影响，这样对方会在强大的经济压力下做出较大的让步。

第六章
提升自身感染力，不用打嘴仗就能让对方甘拜下风

4. 疲劳压力

和谈判对手展开拉锯战，使其在长时间的谈判中出现疲劳感。如果对方出现心理疲劳，谈判意志就会减弱，态度就会有所改变。

5. 目标压力

谈判时，双方都有着十分清晰的目标，由于利益目标的存在，谈判者在心理上会产生目标压力。我们可以向谈判对手传递威胁实现其谈判目标的信息，使其内心产生焦虑感，谈判对方会因为害怕谈判中断而妥协让步。

案例 44　NEC 公司在目标施压下做出明智让步，一举打入中国市场

我国某电子产品进出口公司曾与日本著名的 NEC 公司洽谈，准备引进其产品。尽管日本 NEC 公司的产品在国际市场上很受欢迎，但当时中国的消费者几乎不知道 NEC 产品。

谈判过程中，双方在产品价格方面产生了较大的分歧。日方谈判代表坚持按照国际市场价格进行报价，而中方谈判代表要求其降低售价。

中方谈判代表十分诚恳地说："我们知道，你们的报价的确是国际市场上的价格。但希望贵公司认真考虑一下，尽管 NEC 产品在国际市场上销路不错，但在中国市场上还是一片荒原，中国消费者几乎没人了解你们的产品。当然，我们在进口你们的产品后肯定会大力宣传，中国消费者会逐渐了解 NEC 产品的。你们要知道，中国市场潜力是非常巨大的，一旦你们的产品成功上市，需求量肯定会迅速攀升，而到时候我们肯定会给贵公司下大量的订单。但国际市场上的价格在中国市场上是行不通的，因为中国市场上存在同等商品的竞争者，其产品的价格低廉得多，所以按照国际市场上的价格在中国售卖肯定会影响 NEC 产品在中国市场上的竞争力。不仅如此，我们还要进行宣传，宣传费用也要计入成本中，如此一来产品的售价就更高了，这显然更不利于 NEC 产品打入中国市场。再加上中国消费者对 NEC 产品的优点还不够了解，很可能会导致试销失败。如果试销失败了，我们的同行更不会轻易地再做尝试，NEC 产品在中国市场上就会一直处于空白阶段。希望贵公司多加考虑，找到更加合适的解决方案。"

日方谈判代表听完中方谈判代表的阐述以后，明白这次洽谈不只是简单的价格谈判，而是关系到开拓中国市场、长期发展合作的大事。

日方谈判代表最终决定，为了配合开拓中国市场，可以先以成本价小批量地供应一批 NEC 产品进行试销，等到市场反应良好后再逐渐向国际市场价格靠拢。为了帮助中方宣传产品，解决广告宣传费用问题，日方还愿意提供一笔无息贷款。

就这样，经过中方公司的大力宣传，加上 NEC 产品的优越性能，NEC 产品很快便得到了中国消费者的认可。

6. 冲突压力

冲突压力是谈判者心理上的最大压力。谈判时，要让对方知道我们的意见对解决冲突有着正向的作用，使其认可我们的意见，否则无法消除冲突，谈判破裂的风险就会加大。

> **谈判技巧**
>
> 由于存在压力，谈判对手要想释放压力，使自己更好受一些，就不得不做出妥协，期待尽快达成一致意见。我们要学会利用谈判对手的弱势，强调其存在的各种压力，直到对方难以忍受压力而做出实际让步。

八、别总那么消极，积极、正面的语言更有说服力

积极、正面的语言会给人正面暗示，通常会让人精神振奋；而消极、负面的语言则给人负面暗示，使人消极颓废。谈判时，积极、正面的语言对谈判的成功起着十分重要的作用。当我们说了对方不爱听的话时，对方肯定会心生厌恶，又怎会接受我们的观点呢？因此，要想增强自己语言的说服力，就要多向对方说一些积极、正面的语言。

案例 45 推销员说话消极被客户拒绝，经同事点拨后改变自己终获成功

田俞明在一家公司做推销员，由于业绩不见起色，平时脸色一直不是很好。周末和同事刘军吃饭时，他感慨道："也许我在销售这条路上走得不会太长久。"

田俞明的这份感慨让刘军十分诧异，为了安慰田俞明，他建议田俞明把平时见客户的场景模拟一遍，看看问题究竟出在哪里。

田俞明说："我见到客户后，一般这样跟他们打招呼，'刘总，实在不好意思，赶在周末来看您，希望没有打扰到您，您现在有没有时间？'很多时候我还没把话说完，对方就对我说：'要不下次吧，我现在很忙。'"

听了田俞明的话，刘军思索了一会儿，说道："我知道哪里出现问题了，你在见到客户时说的第一句话就让自己很被动。其实你没必要向客户道歉，因为

第六章
提升自身感染力，不用打嘴仗就能让对方甘拜下风

你去见他是为了给他带来利益。因此，应该是客户感谢你给他介绍了优质产品，而不是你道歉说耽误了他的时间。因为你的道歉，让他认为你不够自信。而且道歉是一种相对负面的情绪，你把负面情绪传递给对方，对方自然无法接受你谈话的请求。我觉得你完全可以换一种说法，可以这样说：'刘总，很高兴能在周末见到您，给我3分钟时间应该没问题吧？'"

第二天，田俞明按照刘军的建议拜访客户，发现自己与顾客的沟通顺利多了。

田俞明最初的失败跟他的说话方式有关。面对他的问话，客户肯定会想：你知道会打扰我，为什么还要来找我？还问我"现在有时间吗？"连有没有时间都不知道，就这么冒失地来了，真不尊重别人。

事实上，田俞明的问话已经给客户拒绝自己铺平了道路，因为对方会顺着他的问题回答"没时间"。而刘军的建议就很巧妙地规避了这些问题。"见到您很高兴"既表达了自己兴奋的情绪，又可以自然地拉近与对方的心理距离。"给我3分钟时间"说得也很巧妙，因为就算再忙，谁会忍心拒绝3分钟的请求呢？

谈判沟通过程中，我们的话语要想表现出积极的力量，光有满腔热情是远远不够的，还需要讲究策略和技巧。

1. 变"但是"为"正因为如此"

为了强调手写汉字在现代社会的重要性，有的人可能说："虽然现在已经进入了移动互联网时代，但是手写书信依然很有价值。"这句话虽然把意思表达清楚了，但说服力一般。可以换一种说法："现在已经进入了移动互联网时代，而正因为如此，手写书信才显得弥足珍贵。"这样一说，不仅对手写书信给予正面的肯定，还会让对方产生手写书信的强烈冲动。

2. 多说"没你不行"

突显对方的重要性，这是对对方的赞美和尊重，几乎任何人对这样的话都没有抵抗力。当听到别人说"没你不行"时，人们都会异常激动。一般人如果肩负了这样的"使命"，都会心甘情愿地认同对方的话语。

3. 避免说容易让人丧失信心的话

即使工作不顺利，生活不顺心，我们也不能唉声叹气，说些抱怨的话，如"这肯定不行""我恐怕做不好"等。如果这样做，我们只会停止思考，放弃努力，变得

制造强势心理势差的谈判技巧

懒惰，不思进取。这些话会让我们在他人的眼中留下一个懒者的形象。一旦人们对我们有了这种印象，再想说服他们就很困难了。

> **谈判技巧**
>
> 语言具有暗示性，要想说服谈判对手，就需要说出积极、正面的语言，给对手以正面暗示，从而使其对自己产生良好的印象，这样更容易让对方认可我们所说的话。

第七章

让对方尽情地"谈"，
在倾听中冷静地"判"出情报

在谈判中我们可以让对方尽情地说，不要觉得对方说得多自己就会被压制。相反，我们可以从对方的话语中找到更多有利于自己的信息，蓄势待发，用倾听到的情报挽回形势，重占先机。

一、倾听是一个持续的过程，未达协议便不要堵上耳朵

倾听在谈判过程中的重要性不容忽视，正如美国前驻联合国大使比尔·理查德森所说："你必须成为一位出色的聆听者，你必须学会尊重对方的观点，你必须知道对方心里在想什么。"

倾听之所以重要，就是因为可以通过倾听获取对方更多的信息。尽管我们在谈判开始之前可能已经获取了对手的很多信息，做足了准备，但是在谈判桌上仍要随时保持获取对方信息的意识。直到双方达成协议前的那一刻，我们都应该努力地从对手那里获取有用的信息。

谈判过程中的"说"和"听"就像天平的两端，说得越多，听得越少，天平就会倾斜，思维就会失去平衡，把思维聚焦在自己的思路上，而关于对手的信息几乎是充耳不闻。相反，如果听得多一些，思维上就会多关注对方的信息，可能会得到很多意外的收获。

案例 46　保险推销员听到工厂人员流失，建议工厂为员工投保作为福利而成单

柳川是一家寿险公司的推销员，因为参加了一次巡回演讲，在圈内名声大噪。演讲结束后，他很快就投入自己的本职工作中，偶尔向其他人讲述自己的演讲经历。

没多久，他在公司附近遇到一位工厂的老板。刚一见面，这位老板就向柳川打听他巡回演讲的事情。柳川突然想起之前向别人讲述自己演讲经历的经过，觉得自己之前就在这上面浪费了太多的时间，所以这次不能再那样了。他的目的是向这位老板推销保险，而不是给对方讲故事。

为了让老板转移对其演讲经历的注意力，柳川说道："当然没问题，我肯定会告诉您的。但是，咱们俩这么久没有见面了，不知您近况如何？最近的生意应该很顺利吧？"

随后，这位老板滔滔不绝地讲起自己的生意和家庭。柳川听得很投入，不时地与老板点头互动。柳川始终没有谈合作的事情，就在双方即将告别之际，他用一种不经意的语气问了一句："您刚才说工厂的人员流失率比较大，到底是什么缘故呢？"

老板回答道："我也从几位高管那里了解过情况，他们说员工们认为工厂的福利水平低。"

柳川问："假如您为每位员工投入30000元的保险，您觉得他们还会抱怨吗？"

第七章
让对方尽情地"谈"，在倾听中冷静地"判"出情报

老板说："应该不会抱怨了吧，你这个主意不错。那么，具体该如何操作呢？"就这样，柳川顺水推舟，轻松地获得一个大保单。

柳川并没有采取什么高深的策略与技巧，除了最后说的几句话，全程基本上都在倾听。如果没有倾听，他就不会知道对方工厂人员流失这一重要信息，更无法顺利地谈成自己的业务。

很多销售员在推销过程中往往一上来就介绍自己产品的优点，结果客户大多是拒绝的。之所以出现这种现象，就是因为他们根本没有弄清客户的需求而盲目推荐，说的话太多而导致客户反感。所以，优秀的销售员都会先摸清客户的需求，然后有针对性地沟通，这样往往能够起到四两拨千斤的作用。销售如此，谈判亦如此。

此外，倾听时我们还要有耐心，否则会适得其反。当对方感受到我们的耐心时，我们就能获得对方更多的信任，对方就会说得更多，从而使我们掌握更多的信息。

> **谈判技巧**
>
> 倾听是获得谈判对手信息的有效方式，所以在达成协议之前，我们不要放松倾听的心态，时刻准备倾听。倾听时我们态度要端正，要尊重对方，让其愉快地透露出更多的有效信息。

二、在倾听中找准决策者，别和无决策权的人浪费精力

谈判要想成功，千万别选错谈判对手。谈判对手往往是既定的，当然不可能出错，这句话的意思其实是说，当我们在与对方谈判时，首先要判断这个人是否有独立的决策权，如果对方是一个谈判团队，那么到底谁是最后的决策者？

如果没有把这个问题弄清楚，对着一个没有决策权的人谈判，无异于浪费时间与精力，白费口舌。如果和我们谈判的人就是最后的决策者，那么在和对方沟通时就要有的放矢。所以，对方是否有决策权会直接影响谈判的策略，进而影响谈判的效果。

这里所说的决策权并不是指老板的决定权，而是能够对所谈事务做出"是"或"否"的决定的人。只要我们确定了这个人，就可以集中精力去说服他，这比不知方向地说服整个团队要简单得多。那么，如何判断对方是否具有决策权呢？其实，倾听便是一种非常有效的方法。

为了让倾听达到预期效果，我们必须先问一些有目的性的问题，如"他们平常都会听您的安排，是吧？"对于这类问题，对方一般会有两种答复，"是的"或

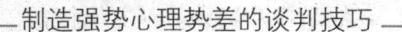

者"不是"。

如果对方回答"是的",很显然他就是我们要找的人,接下来的谈判就要说服他;如果对方回答"不是",首先要辨别这个答案是真实的还是虚假的。我们需要不断地追问类似的问题,而对方也会通过回答问题透露出更多的信息。

案例 47　求职者通过倾听获悉面试官真实职务,一招"将军"成功应聘

刘宣现在是一家商务公司的经理,公司一直对他重点培养。不过,在他来公司面试时,几乎没有想过自己能有现在的发展。

刘宣毕业后的工作经历有限,工作时间很短,这也是他面试时的劣势之一。在来商务公司面试前,刘宣已经有过几次失败的面试经历,所以他这次学聪明了。

面试刘宣的是一位30多岁的男子。那位面试官大致浏览了一下他的简历,问了几个简单的问题,就打算结束面试,对刘宣说:"你的情况我都了解得差不多了,我会向上级部门通报面试情况,是否录用请你回去等消息吧!"

通过仔细倾听面试官的话,再结合其表情,刘宣感觉对方并没有说实话,而且他觉得这位面试官的职务肯定不低。所以,他决定将一下面试官的"军"。沉默了一会儿后,他以一种急切的口吻问道:"您会向他们推荐我的,是吧?"

听完这句话,面试官愣住了,眉毛拧成一团,应该是在考虑什么事情。正如刘宣所推断的那样,他其实就是这家公司的总经理,拥有最后的决策权。当刘宣提出这个问题后,总经理看出来他与其他求职者有很大的不同,所以沉默了一会儿之后,说:"好的,我给你一次机会。"

随后,这位总经理坦率地告诉刘宣,根本不存在所谓的上级部门,他本人就是最后的决策者。

当在谈判过程中我们不确定对方是否有决策权时,最好通过提问先行试探。案例中的刘宣如果在听说面试官还要向上级汇报后就真的回家等消息,估计就不会得到这份工作。相反,他大胆地问了对方一个问题,让面试官多思考了一会儿,自己就获得了工作的机会。

因此,谈判时我们要注意诸如"我要向领导请示一下""我要征求法律部门的意见"的问题,弄清楚这些问题是不是对方因为推辞而采取的手段。假如我们无法确定这一点,很有可能在谈判中被对方牵着鼻子走,而谈判结果对我们而言肯定是不利的。

如果谈判对手宣称自己有权做任何决定,那么他们已经把自己放在了不利的位

置上。因为他们一旦表达了同意的意向，谈判的结果就毫无疑问了。另外，有些没有决策权的谈判对手往往会使用模糊的实体作为自己的上司，之所以这样，是因为他们很清楚一旦明确告诉我们需要请示哪位上司，我们很可能会要求与他的那位上司直接谈判。显然，只有使用模糊的实体才能保证谈判的安全，而这种模糊的实体正是我们判断对方是否具有决策权的重要依据。

> **谈判技巧**
>
> 通过倾听，我们可以知道谈判对手是否具有决策权。如果对方有决策权，我们便可以抓住对方有意向的时机成功签单；如果对方表示自己没有决策权，我们也要先判断其说的话是真是假，假如没有把握，可以试探性地问一下，否则有可能被对方牵着鼻子走。

三、听要点，找准对方愿意和自己谈判的切入点

要想让谈判进入轨道，首先要想办法让对方愿意和我们谈判，找准切入点。要想找到谈判中的切入点，我们应该承认一点：从和对手接触的那一刻谈判就已经开始了。

谈判开始时，我们主要侧重于营造出适当的氛围，用氛围引导对方谈判，此时谈判并不在议题上。有时谈判对手也想要和我们谈，但现场气氛不对，尴尬得让人不知从何说起。因此，如果缺乏分辨和营造氛围的能力，进行融洽谈判的机会就会很少。

假如我们临时拜访一位客户，和对方约在健身房见面。当见到对方时，发现他正在健身房的跑步机上锻炼，这个时候适合谈判吗？当然不适合。只要客户没有停止锻炼身体，我们就无法和其洽谈生意上的事情。面对这种情况，我们有两种选择：一是放弃这次机会，下次再来；二是与客户一起健身，走到与客户相邻的另一台跑步机上，和客户一起跑步。第二种选择的效果比第一种选择好，其优势在于当我们和客户一起跑步时，就有了和客户交流的话题，而且这种话题非常自然，丝毫不唐突。

除了营造谈判氛围，把握谈判时机之外，我们还需要通过观察和倾听从对方的言谈举止中找到切入点，然后有针对性地谈判。

1. 关心与对手最亲近的人

人们最为关注的一般都是自己身边最为亲近的人，而且会为他们的成就或成绩

谈判心理学
制造强势心理势差的谈判技巧

感到自豪。如果谈判对手提及自己的亲人，在说话过程中对亲人的事情侃侃而谈，我们不仅要表示口头上的认同，而且最好就他的这位亲人再问一些问题，以示关心。

案例 48　乔·吉拉德没有倾听客户谈论儿子考上大学，遗憾地丢失订单

乔·吉拉德被誉为"世界上最伟大的推销员"，他曾连续 12 年平均每天销售 6 辆汽车。不过，他在工作过程中也有过一次难忘的失败教训。

有一次，一位客户来找乔·吉拉德商谈购车事宜。乔·吉拉德向他推荐了一款新车型，客户很满意，进展得非常顺利，就差最后签订合同这一步了。可就在最后这个节骨眼上，客户决定不买了。

到了晚上，乔·吉拉德实在想不明白为什么会这样，这位客户的确是很有意向的，为什么突然变卦了呢？最终他还是忍不住给对方打了电话。

"您好！我是今天向您推荐新车的推销员，为什么您在快要签字时又决定不买了呢？"

"喂，你知道现在几点钟了吗？"

"不好意思，我知道现在时间已经很晚了，都到晚上 11 点了。但我仔细检讨了一天，完全不知道自己错在哪里，希望您能给我指出错误。"

"你真的想听吗？"

"肺腑之言。"

"很好！那你现在是在认真听我说话吗？"

"是的。"

"可是，今天下午你可没有认真地听我说话。就要签字时，我提到我的儿子考上了密歇根州立大学，我甚至提到了他对未来的远大理想，这是我的儿子，我以他为骄傲，但你当时根本就没有听我说话，而是左顾右盼。"

对方在说这件事情时仍然很生气，但乔·吉拉德对这件事毫无印象，因为当时他确实没有注意听。客户在电话里继续说道："你宁愿和另一名销售员相互打趣，也不在乎我说的是什么。既然你如此不尊重我，我又为何从你这里买东西呢？"

乔·吉拉德因为没有倾听客户说自己儿子考上大学，结果客户认为他不尊重自己而放弃购买他的汽车。这件事情不仅给乔·吉拉德上了一课，也要引起我们的重视。其实，谈判过程中没有比对方的亲人更好的切入点了，尤其是当对方"泄露"出这些信息时，这就意味着对方已经有了与我们就此深入沟通交流的意愿。

2. 与对手成为自己人

如果可以在谈判之初就与对手快速建立"同胞"意识，我们就能在谈判中创造优势。

尽管人的理性思维在谈判时占有主要地位，但感性思维仍然不容小觑。因此，如果在谈判过程中发现对方说出的个人信息与自己的情况很相似，或者自己也有过同样的经历，我们就要做出惊讶的表情，并及时提出来，从而迅速拉近与对方的关系。

有时即便不存在经历上的巧合，也可以通过类比自己与对方的性格或脾气来激发对方的"同胞"意识。

3. 热情提供帮助

谈判时谈判对手可能会有意无意地透露自己在工作或生活中遇到的困难，为了表现自己的真诚与大度，我们可以热情地对其做出承诺，保证为其提供一定的帮助。但在做出承诺时我们不能盲目，必须听清对方的诉求，确保在自己的能力范围之内。我们所做出的承诺不能只有热情的烘托，必须有实打实的行动作为支撑。

> **谈判技巧**
>
> 我们可以通过倾听谈判对手的言论，巧妙地找好切入点，从而达到自己的谈判目标。但是学会从对手身上寻找谈判切入点不是一蹴而就的事情，我们需要不断地学习和揣摩。

四、听懂暗示信息，做出正确判断

谈判过程中，或许出于谈判环境和氛围的原因，当谈判对手发现我们的问题之后可能不会直接指出，而是采用暗示的方法委婉地表达，有时他们通过言语暗示，有时通过肢体动作来暗示。不管通过哪种方式暗示，我们都要仔细倾听与观察，读懂对方传达的信息。我们大体上可以从以下几个方面来理解对手的暗示。

1. 从内容来理解

有时谈判者不会把自己的真实想法直接表达出来，但既然是在谈判，完全隐藏自己的想法也不现实，所以他们会通过某句话来暗示一下。比如，一个推销医疗器材的销售员去拜访一家医院的采购部主任，听完产品介绍之后，采购部主任说："我们还需要研究研究。"

这句话暗含两种意思，一是变相拒绝，二是确实打算研究研究。当对方说："我们还需要研究研究，但研究结果就要看你接下来如何表现了。"这句话肯定不包含拒绝的含义，而是一种暗示，比如要求销售员降低价格等。

当然，对方可能还有别的意思，比如他想做一个实地调查，验证这款产品是否如销售员所说的那样受欢迎。可见，就是这么简单的一句"研究研究"就包含了如此多的意思。因此，要想确定对手的真实意愿，我们必须要结合各种因素来做出准确的判断。

案例 49　谈判大师深入调查矿主需求，最终以双赢局面顺利成交

美国著名谈判大师荷伯·科恩曾作为一家公司的谈判代表与一座煤矿的矿主进行谈判，准备收购这家煤矿。公司管理者告诉荷伯，可接受的最高价格为2400万美元。然而，这位矿主长期经营煤矿，而且其性格固执，开口就要价2600万美元，荷伯报价1500万美元。

矿主瞪着眼睛，吼道："你在开玩笑吧！我的煤矿怎么可能价格那么低？"

"不，我不是在开玩笑，希望您能把真实的价格说出来，我再做考虑。"荷伯说道。

矿主坚持索价2600万美元，谈判出现严重分歧，陷入僵局。在接下来的几个月里，荷伯逐渐提高出价，从1500万美元提高到1800万美元，然后是2100万美元，又提到2150万美元，但是矿主毫不心动。

如果一直在价格方面谈判，进展不会有多大的变化。在不断地接触中，荷伯反复向矿主解释自己的还价合理，可矿主就是不说话。不过，有一天晚上，矿主终于告诉荷伯："我有个朋友，他的煤矿卖了2550万美元，而且有些附加利益。"

荷伯从矿主的话中发现了问题的症结所在，他马上与公司的管理者取得联系，对他们说："我们必须先弄清楚他朋友成交的真实价格，再商量如何做。看来这是矿主的个人需求在起作用，与市场价格并无关系。"

按照荷伯所说，公司派人对煤矿展开了细致的调查走访，最终发现了矿主的其他需求。

（1）从与他一同创业的同事那里了解到，这位矿主对他苦心经营的煤矿感情非常深厚，不希望煤矿卖掉后，彻底与煤矿失去关联。

（2）从一位老工人那里了解到，这家煤矿雇用了大量工人，而且他们和矿主的关系很好，矿主很担忧他们以后的就业情况。

（3）矿主所提到的那位朋友其实是他一直以来的竞争对手，他一直都不想输给他。

荷伯在掌握了矿主的这些需求之后，又与矿主对煤矿交易的额外条件进行了商谈，最后达成了几个附加条件。

（1）煤矿被收购以后仍使用之前的名称，并且

聘请矿主担任技术顾问。事实上，公司也急需这种经验丰富的人才。

（2）煤矿工人可以与该公司签订劳动合同，继续为煤矿服务，这样也正好解决了用工问题。

（3）公司一次性付清全部款项，而矿主口中的那位朋友是在5年之内才收齐所有款项。

最终，荷伯与矿主最终以2250万美元的价格成交，这一价格并没有超过公司的预算，也使矿主得到了极大的心理满足。

2. 从声音来判断

声音也可以揭示谈判对手的真实想法。比如，对方刚开始说话粗声大气，但突然变得轻言细语，这就说明对方有了软肋，有求于我们。虽然我们此刻处在优势地位，但不能过于招摇，最好是平静地与对方洽谈，在融洽的氛围中压制对方，直到使自己的利益最大化，并且要保持合作双赢的平衡，不能做得太离谱，使对方的利益受到损害。

3. 从表情来观察

我们可以从谈判对手的面部表情中获悉很多信息，从而理解其弦外之音。比如对方说："你们的产品质量的确很好。"但在说这句话时其嘴角上扬，眼睛斜视着我们，这就说明对方并非在夸奖，而是在讽刺。

4. 从肢体语言来分析

人们的肢体动作通常是下意识做出来的，口头上说的话可能是假话，但肢体动作一般不会做假。这时，就可以从对方言不由衷的行为看出其真正的想法。比如，一个老客户突然被竞争对手挖走了，像往常一样面谈结束后，老客户说："你们的产品还不错，有机会继续合作。"但把我们赠送给他的试用品也给拿了出来，并让我们带走。即使我们推辞，对方也仍旧坚持让我们拿走试用品，这个动作基本上说明以后他与我们"一定不会合作"了。客户口头上说的只是客套话，是一种礼貌性回应。实际上在他们心里，竞争对手的产品价格要比我们的低，或者我们的产品已经不符合对方的要求了。

5. 从具体语境来理解

对方的弦外之音需要通过语境来辨别。即便是同一句话，在不同的语境下会有不同的含义。谈判者的声音、表情、肢体动作等都是语境的一部分，只有综合起来理解，我们才能有效地判断对方的弦外之音。

比如对方说："我们刚建了一个厂房。"这句话的弦外之音可能有多种：现在刚建了厂房，手头比较紧；最近生意不错，打算扩大规模。这时我们就要依据对方说话时的表情做出判断。如果对方比较兴奋，那弦外之音就是"最近生意不错，打算扩大规模"；如果对方语气低沉，那么弦外之音就是"刚建了厂房，手头比较紧"。

弦外之音一般会出现在谈判的关键点与敏感问题上。有些谈判者为了展现自己的风度，说话比较委婉，不忍驳了我们的面子；有些谈判者则费尽心思，故意说一些模棱两可的话来吊我们的胃口。当然，我们也没必要对谈判对手的每句话都咬文嚼字。

> **谈判技巧**
>
> 当谈判对手暗示信息时，我们要能及时地读懂其弦外之音，通过对方说话的内容、声音、表情、肢体语言和具体语境来综合理解。当然，我们也不必处处咬文嚼字，但是要特别留意谈判的关键之处。

五、倾听的同时，要给谈判对手积极的反馈

倾听就是保持倾听的姿势一直不变吗？当然不是。作为倾听者，在听对方说话的时候，我们不能做"木头人"，而要给予对方积极的反馈，使其有被人重视和尊重的感觉，这样才能有效地打动对方，这就是心理学中的反馈效应。反馈效应在一定程度上起到了正向强化的作用，能对诉说者产生极大的鼓舞，这会激励其继续说下去。

当然，反馈一定要准确，因为不准确的反馈是不利于双方谈话的。因此，倾听时我们不能简单地敷衍对方，而是要鼓励对方继续说下去，适时提问便是一个不错的办法，它不仅能引起对方的注意，还能刺激对方说话的欲望。适时提问其实就是一种反馈行为。

那么，倾听对方说话时，我们应该如何有效反馈呢？

（1）重复对方的意见，比如"您刚才的意思是……"，这样对方会将刚才说过的重点再阐述一遍，然后继续说下去。

（2）及时查证自己是否理解对方，比如"不知我是否完全理解您的话，您的意思是……"。

（3）避免不良习惯，不能开小差，也不能无缘无故地打断对方的讲话，借机把谈话主题引到自己关注的问题上来。

（4）非语言反馈，如点头、微笑，这些可以让对方感受到我们对其谈话很有兴趣，对方也会愿意与我们深入交谈。

（5）把握提问的时机，一般是在对方说完之后的沉默阶段，这是最好的提问时机。之所以要提问，只是为了引导对方继续说下去。因此，提问的态度要端正、亲切，不能以盘问、讽刺或者审问的态度向对方提问。

> **谈判技巧**
>
> 倾听对方说话时我们不能一动不动，没有任何反应，而应及时反馈，让对方感受到自己被人重视和尊重，从而使其说得更多。反馈时我们要注重方式与方法，使用正确的反馈方式，而且态度要端正。

六、对方说得越多，自己的胜算越大

人们往往会把自己看作一切的中心，最关心的一直都是自己。谈判中，谈判对手对自己的问题要更感兴趣，所以是否善于倾听就关系到谈判的成功与否。各种谈判中，做一名称职的倾听者是非常重要的。对方说得越多，我们听到的有用信息就越多，就能更加深入地了解客户，从客户的某些话语中找到谈判的切入点，从而赢得谈判。

案例50 乔·吉拉德善做倾听者，鼓励客户多说，最后成功卖出汽车

乔·吉拉德在面对比较腼腆、不爱说话的客户时，他往往会主动与对方说话："我有一种特殊的能力，能够一眼看出一个人的职业。"这句话往往会激起对方的谈话兴趣，不过还是不说话。

面对这种情形，乔·吉拉德会接着说："要我看，您应该是一名医生。"在美国，医生不但收入高，而且令人尊敬，地位比较高。

"不，我不是医生。"客户说。

这位客户并不是医生，但即使乔·吉拉德说错了，客户也没有生气，因为他觉得自己被别人看成受人尊敬的医生，说明自己给人的印象还是不错的。

"那您是做什么工作的？"

客户有些难为情地答道："我在一家肉类加工厂工作，主要工作是宰牛，也就是一名屠夫。"

"是吗?"乔·吉拉德热情地说道,对客户投去很感兴趣的目光,"我一直都很好奇平常吃的牛肉是怎么生产出来的,如果您不介意的话,我能去您那里看看吗?"

乔·吉拉德在说这些话时并不是在敷衍客户,而是真诚地向客户提出请求,而客户也被他的真诚所感染,说了很多与牛肉有关的话语,最后心满意足地买下了一辆轿车。

之后,乔·吉拉德特意抽时间去参观了肉类加工厂,在那里他见到了客户的很多工友。那位客户热情地向他的同事们介绍乔·吉拉德:"这就是卖给我车子的人,乔·吉拉德。"于是,乔·吉拉德又认识了很多潜在的客户。

认真倾听对方的谈话,是尊重对方的表现。能够耐心地听对方诉说,无形之中满足了其自尊心理,对方会非常高兴,因为他终于找到了一个可以倾诉的机会。让别人多说话,这种方法人人都会用,但也是经常被忽视的谈判技巧。

> **谈判技巧**
>
> 唇枪舌剑、喋喋不休夺不来谈判对手的认同与信任。谈判高手可以不是演说家,但一定是认真的倾听者,因为他们知道如何从对方口中获取更多的有效信息,然后理解、分析并利用这些信息进行谈判。

七、听声辨人,对方说话的声音是其性格标签

在与人交谈时,假如对方声音柔和悦耳,语速和缓,我们就会觉得非常舒服,心理距离一下子就会被拉近;如果对方声音尖锐刺耳,语速很快,我们就会很反感,对其印象也会很差。由此可见,声音也是认识人的一项重要依据。

谈判时,我们可以通过对方语调、语速的变化来判断其情绪和心理,尤其是在无法从其他方面看透对方时,利用声音来判断其真实情况是一种不错的选择。

人的情绪一旦发生变化,说话时的语调和语速也会相应地发生变化,所以,我们可以通过一个人说话的语气来判断对方当下的情绪。如果能够及时地判断出对方的情绪,我们就能及时调整自己说话的方式和内容,从而更有效地说服对方。

当对方的声音忽高忽低时,我们应该察觉到对方已经不耐烦了,这时要尽快结束话题,或者转移话题。只有这样,我们才不会在谈判过程中处于被动地位。

一般心怀不满的人,其说话速度会不自觉地放慢;相反,当有人心怀愧意或者想说谎时,其说话速度往往会快得吓人,特别是想要取得对方的谅解时,不仅语速会加快,还会找话题以示亲近。

第七章
让对方尽情地"谈",在倾听中冷静地"判"出情报

动物的吼叫来自本能,而人类的语言和语调是思想交流的工具。人们说话时,心中的感情、情绪以及个人的性格都会随着话语的流动而被他人体会,所以根据语速和语调就能判断出情绪。

那么,不同的语调和语速到底代表着怎样的情绪呢?

(1)如果对方的语调变轻,语速变慢,说明其没有信心,底气不足。这种人脾气温和,容易忍让他人,比较乐于接受他人的意见,缺点是不够自主,比较容易被他人影响,属于多愁善感型。面对这种人,我们可以适时地说出自己的谈话目的,对方更容易接受。

(2)如果对方的声音清脆悦耳,活泼轻快,说明其心情不错。这时和对方说话就会比较顺利,只要不是禁忌话题,基本上都能聊得来。

(3)如果对方在被说服时声音变得温和,语速变得缓慢,就说明其心情平和,几乎没有什么波动,当然也有可能说明对方对这一话题根本不感兴趣。假如真是这样,那就暂停一下,等有机会了再继续说,因为说得越多,对方会越不耐烦。

(4)如果对方的声音突然从平稳、温和变为高亢、尖锐,说明其情绪发生了巨大的波动,可能是自己的底线已经被触碰,这时我们应该停止说话,如果说得不对,还要向对方道歉。

(5)如果对方的语气比之前愤怒、强硬得多,这时我们千万不要硬碰硬,而应该冷静下来,与其进行温和的交流,以防止出现不必要的冲突。

声音也能给他人留下第一印象,我们不仅要知道如何通过他人的语调与语速变化来摸清其情绪变化,同时也要注意自己的声音,在尽量给人留下良好印象的同时,也要避免对方通过我们的声音了解我们的真实想法。只有做到这一点,在说服对方时我们才可以立于不败之地。

> **谈判技巧**
>
> 说话的语调和语气同说话内容一样重要,甚至可以表露很多说话者的真实想法。我们不光要倾听谈判对手的说话内容,还要注意从其说话时的语调和语气分辨对方的情绪和性格,从而有针对性地采取措施,使自己在谈判中占据优势。

第八章

察言观色，把对谈判有利的细节尽收眼底

通过对谈判对手的细致观察，我们可以从其言谈举止、神态气质、服装搭配等方面发现很多细节，这些细节反映了很多谈判对手不愿透露，甚至自己都不在意的真实信息，而这些真实信息却是对我们谈判有利的筹码。

第八章
察言观色，把对谈判有利的细节尽收眼底

一、剥丝抽茧，用非凡的观察力洞察对手内心

谈判者要善于察言观色，将各种与谈判有关的细节尽收眼底。除此之外，还要对所见所闻做出正确的分析和判断。如果谈判者不具备观察判断的能力，掌握再多的细节也是枉然。这种能力是商务谈判中了解对方的主要途径。一位优秀的谈判者，不仅要口齿伶俐，也要大胆细心，观察事物细致入微，只有这样才能准确把握对手的心理，赢得谈判。

谈判对手显露出来的表面现象扑朔迷离，我们要能从表面洞察其内心，随时调整谈判方向，选择更好的谈判策略，为自己争取更大化的利益。

案例 51　李嘉诚敏锐观察找到商机，积极与客户互动轻松售出产品

李嘉诚早期做过推销员，卖过镀锌铁桶。有一次，他跑到中下层居民区专找老太太卖桶，因为他通过观察了解到那里的老太太一般都喜欢串门聊天，只要能和她们打成一片，搞好关系，再让她们觉得铁桶好，她们会自然而然地四处宣传，这样只要自己卖出去一只铁桶，就等于卖出一批铁桶。结果不出所料，他的铁桶大受欢迎，一传十，十传百，老太太们争相抢购。

后来，李嘉诚销售一种新型产品——塑胶洒水器，问了好几家均无人问津。有一天，他来到一家批发行，准备等职员上班后进行推销。这时，他看到清洁工正在打扫卫生，地面上扬起了很多尘土，清洁工打扫时憋着气不呼吸，时不时停下来呼吸一下干净的空气，看着十分难受。

这时李嘉诚灵机一动，自告奋勇地拿出自己正要销售的塑胶洒水器帮助清洁工洒水消尘。不一会儿，来上班的职员们目睹了洒水器的方便与实用，他们自然很爽快地接受了李嘉诚的产品。

通过敏锐的观察力和活跃的思考力，李嘉诚逐渐获得了事业上的成功。同样，要想成为一名优秀的谈判者，要做到以下几点。

观察要谨慎　　观察要全面　　将观察和思考相结合

1. 观察要谨慎

人们都具有主观性，可能造成观察上的错误。错误也许不一定都能避免，但只要观察准确，仔细谨慎，一定能降低出现错误的可能性。

2. 观察要全面

观察时，我们不能"盲人摸象"，以偏概全，只观察到某一方面而忽视其他方面。主观地认为自己观察到了整体，容易做出错误判断。为了避免出现这种情况，我们一定要多方面地观察。

3. 将观察和思考相结合

要想在谈判过程中做出深刻、正确的判断，除了全面、细致且准确地观察以外，我们还要具有严密的逻辑推理能力，将观察和思考有机地结合起来。

> **谈判技巧**
>
> 要想看透谈判对手的内心，我们必须善于观察，察言观色，谨慎细致地收集信息，然后将收集到的细节信息整理归纳，推断出谈判对手的心理状态或者其他重要信息，为谈判提供有利的帮助。

二、揭开对方的面具，解密隐藏在表象之下的真相

谈判场上，双方都不太可能将自己的所有情况和盘托出。因此，真相一旦被掩盖，一些言不由衷的话难免被说出来。不过，虽然人们会尽力掩盖自己的谎言，但面部表情不会说谎。谈判者要学会从对方的脸上发现蛛丝马迹，看透对方的真实心理。

1. 瞳孔

谈判时，当我们说出一些比较重要的信息时，如报价，对方的瞳孔变化就能说

明问题。瞳孔变大说明对方感兴趣，瞳孔变小说明对方感到厌烦，对此不感兴趣。

案例 52　瞅准客户"眼线"，聪明的副总通过仔细观察客户扭转谈判局面

王川是一家公司的销售经理，公司最近打算与一位大客户展开合作，王川负责与客户洽谈产品销售事宜。

这位客户拥有很强大的销售渠道，谈判中气势强硬，威胁说如果不降价 5%，谈判就此中断，他再去找其他供应商。

王川被对方的气势吓坏了，而他也明白现在市场竞争异常激烈，找到一单生意本就不容易，如果潜在的合作伙伴转投竞争对手，自己公司的处境就会更加艰难。但公司出的价格已经很低了，如果再降价，利润就没有了，甚至会出现亏损；如果坚持不降价，对方可能真的会中断谈判。

正当王川迟疑不决时，公司负责销售的一位副总也加入谈判中。

第二天，当客户再次提出苛刻的要求时，副总立刻板着脸站起来怒吼道："不可能再降价了！现在你们只有两种选择，要么签了，咱们合作；要么不签，你们另找他人。"说完，他摔门而出。

王川没想到副总会这么做，本想阻止一下，但话还没说出口，副总已经出门了。王川本想说几句话圆场，谁知客户那边却服软了，同意按照之前商量好的价格合作。

在公司庆功宴会上，王川端着酒杯走到副总面前，恭敬地说："张总，我真是太佩服您的胆量了。"

"胆量当然要有，但光有胆量还不够。"

王川疑惑地问："要不是您胆量大，您怎敢在谈判桌上冲客户怒吼呢？"

副总抿了一口酒，笑着说道："其实我有'眼线'……"

王川更纳闷了，问："眼线？不会吧？"

"是对方身体里有我的'眼线'，你可能没发现，当我们介绍业务时，客户听得非常专注，眼睛几乎没眨过，等到报价时，他的瞳孔放大了许多。这说明对方对咱们出的价格很感兴趣。他们那样做的目的就是试探一下我们的底线，想让咱们再降价。既然知道了这些，我何不耍脾气将他一军呢？"

王川没想到看似毫不起眼的瞳孔变化在谈判中竟有如此大的妙用，左右了一场谈判的结果。

2. 眉毛

眉毛的高低变化也可以反映人的心理变化。眉毛的细微变化多种多样，其代表的含义也有很多。

（1）扬眉。扬眉的动作一般出现在非常欣喜或者惊讶的时候，这时两眉向外分开，眉间皮肤自然伸展。如果对方的眉毛是一条上扬，一条降低，这就说明对方处于怀疑状态，这时我们应及时、主动地向对方征求意见。

（2）皱眉。皱眉一般表达两种含义，一是陷入了困难的境地，二是拒绝或者不赞成。

（3）闪眉。闪眉的动作是眉毛先上扬，然后快速下降，整个过程非常短暂。这种表情传达了一种友善的态度，时常伴随着微笑和仰头，表示对方喜欢我们或者对我们的产品很感兴趣。此外，闪眉还出现在加强语气的时候，比如，对方在说话时强调了某个词，他的眉毛会自然闪动，并伴随着语调和声音高低而发生变化。

（4）耸眉。耸眉与闪眉类似，也是眉毛先上扬，再下降，区别在于扬起的时间更长一些，时常伴随嘴角迅速而短暂地往下撇，脸部保持不变。一般来说，耸眉表达的是不愉快，有时也有无可奈何的意味。

3. 笑容

与冰冷的交锋相比，带着笑容的谈判更容易实现双赢的结果。不过笑的形式不止一种，不能对其一概而论。谈判时，我们要学会分辨对方的笑容，不要被对方的笑容所蒙蔽而造成误判。

（1）含笑。含笑是一种程度非常轻微的笑，这种笑容不露齿、不出声，表达的是一种友善的态度。做出这类表情的谈判者一般性情温和，非常礼貌，就算不同意我们的观点，也不会将反感的情绪表现在脸上。

（2）微笑。微笑同含笑一样，都是向善、温暖的笑容，但微笑比含笑的程度要深，唇端向上移动，唇部略呈弧形，牙齿不外露。对方露出微笑是一种友好的表示，至少说明对方容易接近。但微笑一般与对方对产品是否感兴趣没有必然的联系，所以不能一看到对方微笑就心花怒放。当然，如果对方平日非常严肃，这时突然展露出微笑，则谈判的成功率很高，一定要把握住机会。

（3）轻笑。轻笑比微笑的程度要深，嘴巴微张，露出上齿，但仍然不发出声音。一般熟人谈判时会出现这种笑容，表示心情愉快，气氛融洽。

（4）大笑。大笑时，嘴巴张开的幅度比较大，呈弧形，上下齿都会露出，口中发出"哈哈"的声音。露出这种笑容的谈判者心情很愉快，非常有利于谈判。

（5）狂笑。狂笑的面部轮廓和大笑相似，但肢体动作更夸张。露出这种笑容的谈判对手非常感性，只要和对方谈对了话，谈判就不会太难。当然也有例外，有些谈判对手会通过这种方式来表达自己的不屑。

（6）苦笑。苦笑表达的是一种无奈或痛苦，当我们给出的条件让谈判对手为难时，对方可能会露出这种笑容。这时我们就不能再提苛刻的条件，而应该把重心放在对方的关注点上，站在对方的角度提出合理化的建议或方案。

（7）皮笑肉不笑。皮笑肉不笑一般发生在较为严肃的谈判者身上。他们露出似是而非的笑容，表示对我们所说的话不以为然，或者对我们承诺的事情根本不信任。遇到这种情况不要慌张，更不能一直辩解，而要转变话题，或者拿出充分的证据证明自己，进而打消对方的疑虑。

> **谈判技巧**
>
> 面部表情不会说谎，它更像是揭露谎言的利器。不管谎言隐藏得多么深，但微妙的表情变化会揭露真相。在和谈判对手交谈时，我们要善于利用对方的微表情判断其话语的真实性，以此决定自己如何应对。

三、服装搭配是人的一面镜子，真实性情显露无遗

俗话说"人靠衣装马靠鞍"。人的性格、地位、年龄与爱好不同，其穿衣打扮自然会呈现出不同的特点，这正好为我们通过服饰来猜测对手的性情提供了很好的依据。虽然"以貌取人"非常直观，但在运用过程中也要灵活变通。

服装搭配是一个人的外在表现，同时也表达了其内心世界，谈判者要能读懂对方服装搭配所传达的语言。

（1）单一色调服装。这类谈判者颇具理性思维，性格刚强，为人正直，谈判时多强调性价比，更容易和其达成协议。

（2）朴素风格的服装。这类谈判者偏向于理性思维，性格比较沉稳，谈判时比较务实。但有时会显得缺乏主见，容易听从他人的意见。与这类对手谈判时，我们不仅要强调性价比，多用数据说话，还要注意引导对方。

（3）深色服装。这类谈判者性情沉稳，做事一般深谋远虑，很有城府，甚至会有让人意想不到的举动。与这类谈判者交谈时，我们要注意说话方式和分寸，多提

一些开放性问题，在拉近关系的同时，也要找机会从对方的嘴里套出对我方谈判有利的信息。

（4）款式新颖的服装。这类谈判者爱表现自己，有时甚至飞扬跋扈。面对这类谈判对手时，不管我们是否喜欢，为了拉近彼此的距离，最好多赞赏其服装。等双方的关系接近了，接下来的谈判可能就会顺利很多。

（5）喜欢穿同一款式的服装。这类谈判者性格直率，颇具自信，行事果断，容易给人留下孤高自傲的印象。这类谈判对手一般会比较强势，谈判时我们最好在坚持自身底线的前提下尽可能顺从对方的意志。

> **谈判技巧**
>
> 每个人都有各自的服装喜好，而服装搭配正是其内心性格和做事风格的直观体现。谈判者要能依据谈判对手的穿着打扮分辨出对方的真实性格和心理，从而有针对性地采取措施，为赢得谈判创造有利条件。

四、留意对方的视线，从跳动的眼神中看透其微妙心理

谈判时，双方会不可避免地发生视线接触。在某种程度上，视线可以反映出一个人的内心，即使是经验非常丰富的人，视线也难免会暴露其微妙心理。因此，要想成为谈判高手，我们就要学会观察对方的视线，精准把握对方的真实心理。

第八章
察言观色，把对谈判有利的细节尽收眼底

案例 53　首席谈判代表通过观察对方视线变化，关键时刻迫使其做出妥协

韩非作为首席谈判代表，代表公司与合作方进行谈判。谈判快要结束，唯独在交货时间点上双方的意见还不一致。

韩非盯着对方谈判代表的眼睛，说："考虑到我们公司目前的生产状况，假如你们不能在7月底交货，我们的运营成本毫无疑问会增加不少。"这时对方移开视线，好像是在思考怎样回答。两分钟后，对方抬头看了韩非一眼，然后又迅速移开视线，说道："韩先生，您说的情况我可以理解，但是我们可能无法在7月底交货。"对方说完以后，视线由下而上与韩非的视线交汇，然后又说道："如果你们能够延缓半个月，我们保证可以按时交货，您看怎么样？"

由于韩非之前对谈判对手已有所了解，再考虑到对方刚才的视线转移，他感觉对方是在故意拖延交货日期，甚至有更多的打算。为了保证后续合作顺利进行，韩非觉得应该尽快结束谈判。

于是，韩非直视谈判对手，说："我知道你们交货比较困难，但如果你们不交货，我们就面临停产的后果。谁的压力和损失更大？这个不用我说大家都明白。假如你们坚持不同意7月底交货，我们只好重新寻找新的供货商了。"

听完韩非的话，对方低下头思索了一会儿，然后把视线移向韩非，说："好吧，我们保证在7月底交货。"

其实，韩非通过观察对方的视线已经摸清了对方的微妙心理：他们想拖延交货日期，但也不想失去这笔交易，因为失去这笔交易对对方的损失可能更大。因此，他在最后一刻做出了强硬的姿态，圆满地拿下了谈判。

下面分析几种常见的视线，可以用来在谈判桌上洞察谈判对手的心理。

1. 直视对方的视线

直视往往代表着自信，有些谈判者说话时会直视对方的眼睛，这会让人产生一种敬畏之感。当然，有些人只是想给对方留下自信的印象，而实际上并没有表现出来的那样自信。双方彼此相互直视，如果时间太久很快就会陷入一种尴尬的境地，所以大多数人在视线接触后不久就会转移视线。

2. 躲避对方的视线

除去内向性格的影响以外，如果谈判对手与我们谈话时，完全避开我们的视线，这说明这个人可能心里有"鬼"。如果对方视线出现转移，大都是在思考如何应对我们，这样做是为了避免我们从其眼神中看出某些关键信息。如果对方的视线时而迎合时而避开，说明其内心正在挣扎，正处于面临重要选择的关键时刻。

3. 咄咄逼人的视线

与对方眼神交汇时，有些谈判者表情非常严肃，咄咄逼人。这类人要么是因为自卑，要么是因为脾气不好，无法有效地控制自己的情绪。他们总感觉咄咄逼人的直视可以震慑对方。假如遇到的谈判对手性格与之相反，这种方法可能会奏效；假如遇到的谈判对手性格与之类似，那么谈判就会充满火药味。

当然，如果对方平时态度非常和蔼，其眼神突然变得咄咄逼人，我们就要特别注意，因为他有可能是真生气了。为了防止谈判破裂，这时我们可以考虑适当地满足对方的某些需求。

> **谈判技巧**
>
> 一般来说，直视的视线代表自信，刻意躲开的视线代表正在考虑应对之策，想要逃避心理上的追踪，而咄咄逼人的视线有时是因为虚张声势，有时则真正表明态度上的转变。总之，我们要能根据不同的视线或眼神来判断对方的心理活动。

五、分辨对手表情变化，洞察对手的心理动态

狄德罗曾说过："一个人心灵的每一个活动都表现在他的脸上，刻画得很清晰、很明显。"所以，面部表情十分真实地再现了人的内心活动。只要我们看准了对方的表情变化，就能认清对方的心理动态，从而决定是否更改谈判方案。

表情会出卖人的内心，有时嘴里说出来的话并不一定是真实的，而对方表情传达出来的可信度更高。

案例54　美方谈判代表因错误解读日方沉默表情而主动降价

一家日本公司想购买美国某公司的机械设备，双方展开了谈判。开始谈判进行得很顺利，各方面的合作意向都达成了一致，只是在最后的价格谈判时出现了问题。

美方谈判代表首先报出了产品的价格，12万美元一台。日方谈判代表暂时没有表态，而是沉默了半分钟。

在不同的文化中，沉默的含义不尽相同，甚至差别很大。例如在美国、德国、

第八章
察言观色，把对谈判有利的细节尽收眼底

法国，沉默传达的是消极暗示，而对日本人来说，关键时刻保持沉默则被认为是一种十分明智的做法。

美方谈判代表对日方谈判代表的沉默感到不安，以为日方谈判代表觉得报价太高，于是主动降低了价格。而日方谈判代表的内心狂喜不已，其实他们本来可以接受原来的报价的。

在这个案例中，美方谈判代表就是因为没有准确识别日方谈判代表的表情含义，所以做出了错误的决策。

在谈判过程中，比较常见的面部表情有以下几种。

（1）蹙眉、皱额：表示关怀、关注、不满、愤怒或受到挫折。
（2）皱眉：表示不高兴、遇到麻烦、不满等。
（3）双眉上扬、双目张大：表示惊奇、惊讶。
（4）冷眼、嘴唇向上：表示轻蔑、厌恶。
（5）眉眼朝下、眼睛追踪着看，倾听：表示对这件事产生兴趣。

谈判过程中，我们通过细心观察对方的面部表情可以判断其真实的心理需求，从而了解到更深层次的信息。

> **谈判技巧**
>
> 在谈判桌上，要想做到知人知面又知心，那么对对方面部表情的解读就显得尤为重要。要想准确解读不同的面部表情，我们要培养敏锐的观察力，养成细心观察的习惯，平时要有意识地观察周围的人，甚至让观察成为一种生活方式。

六、解读肢体动作，摸透对方的真实意图

与语言相比，人的肢体动作更加诚实，可以自然且直观地呈现出人的心理活动。尽管存在有人故意制造虚假动作来迷惑对方的情形，但这种行为往往会有很大的破绽。谈判时，如果我们准确把握了对方的肢体动作，这能帮助我们精准地剖析其心理活动。

1. 手部动作

手部动作可以迅速反映人的心理变化，所以很多人会将手部动作视为其内心活动的"心电图"。谈判时，我们可以通过观察对方的手部动作来判断其内心状态的变化。谈判过程中，谈判者的手一般会出现以下动作。

（1）把手背于身后。做出这种肢体动作的谈判者一般信心十足，心态成熟，遇事能够冷静处理，镇定自若。当然，这种情况也并非绝对，如果对方把双手背于身后，但用一只手抓住另一只胳膊或手腕，这说明其内心十分紧张，这种手势只是控制紧张情绪的一种方式。不过，我们很难看到对方在背过手之后的手部动作，所以要结合其他肢体动作来判断其真实的内心活动。

（2）搓手。搓手往往意味着对方对某件事情有所期待，而根据搓手的快慢程度又可分为两种情况：快速搓手说明对方对某件事十分期待，心情急切；而慢慢地搓手则说明对方正在思考或者犹豫不决。

（3）十指交叉。如果对方十指交叉，遮住一半的面部，所代表的含义一般有两种：一是隐藏自己的感觉，二是对我们所说的话不感兴趣。如果对方突然松开十指，并且身体上倾，也代表着两种含义：一是他想阐述一些观点，二是想要离开，但碍于面子不好意思说出口。由于含义不止一种，这就要求我们在谈判过程中谨慎对待，结合具体情况具体分析。

（4）触碰鼻子。触碰鼻子的动作可以分为几种情况：指尖碰触鼻翼，说明对方怀疑我们所说的话；不断重复指尖碰触鼻翼的动作，则表示对方拒绝我们的提议；如果对方的手指堵在鼻子下面，则表示其对我们所提的事情有些不满。

（5）挽着胳膊。挽胳膊的姿势也并非一种：挺着胸，一只手挽住另一只胳膊靠上的位置，表示对方非常自信，正在自我炫耀；如果一只手挽着另一只胳膊靠下的位置并紧贴身体，则表明对方心中不安，这种动作只是一种防卫；如果挽胳膊的同时弓着背，则说明对方内心非常紧张。

2. 头颈部动作

头颈部动作也是对方表达是否感兴趣的重要表现。很多时候，当对方用眼神

交流信息时，也会有相应的头颈部动作。如果对方只是眼神发生变化，而头颈部几乎没有跟随动作，就表明对方并不是所表现出来的那样有兴趣，可能存有怀疑和抗拒。如果对方的头颈部和眼神一样发生了一系列的变化，就说明对方怀有十分浓厚的兴趣。

（1）点头。点头是非常常见的肢体动作，一般情况下表示同意，不过遇到对方频繁点头的情况，我们就要谨慎对待。点头可以被意识所操控，并非潜意识的行为，所以很难据此判断对方的真实意图。频繁点头至少有两方面的含义：除了表示同意外，还有"无聊""不关心"等负面情绪，这就要求我们结合实际情况准确判断。

（2）低头。低头一般有两方面的意思，一是思考，二是防止被别人看透心思。当谈判处于关键阶段时，比如需要决定是否购买或者考虑能否做出让步等，这时谈判者低头其实就是在思考；而在讨价还价阶段时，双方讨论细节问题，对方可能为了防止我们看到其眼睛而刻意回避，这时就是防止被看透心思的低头动作。要想判断对方的低头属于哪一种情形，除了根据谈判情况进行分析以外，我们还可以观察对方的其他肢体动作。如果对方的其他肢体动作很平静，说明对方正在思考；如果对方的其他肢体动作也很频繁，则说明对方在刻意回避。

（3）抬头。有低头，自然就有抬头，抬头动作一般是跟随在低头动作之后发生的。如果对方为了防止别人看穿其心思而低头，我们就要密切注意对方抬头时的状况。对方做出抬头的动作，正好表明我们所说的话对其产生了吸引力，这时我们可以抓住对方的兴趣点，把谈判向前推进一步。

（4）后仰头。谈判是一件非常考验脑力和体力的事情，长时间保持端正的坐姿，人会产生疲倦感。为了放松身体，有的谈判者就会仰头舒展四肢。当人的体能处于低谷时，其防御心理也会减弱。因此，此时一方提出某些条件可能会获得意想不到的效果。当然，凡事皆有例外，假如双方谈判项目范围很广，交易额非常大，很突然地提出比较大的要求会让对方立刻产生更强的警惕性，更不利于谈判的顺利开展。

3. 腿脚部动作

心理学家研究发现，在人体中距离大脑越远的部位，其肢体动作透露出的信息越真实、准确，因为距离大脑越近，受到大脑控制的程度就越深。腿和脚距离大脑最远，因此被大脑控制的程度最低。正因为如此，"脚语"流露的信息更客观，更值得信赖。谈判高手一定要学会识别以下"脚语"。

（1）脚尖踮起。谈判时，对方坐在椅子上，如果上身前倾，脚尖踮起，说明他有很强的合作意愿。这时，我们要抓住时机，与其积极地洽谈，争取在最短的时间内达成令双方都满意的协议。

（2）双腿交叉跷起。身体挺直，端坐在椅子上，双腿交叉跷起，这种动作表达的是一种抗拒。这时我们要放低姿态，想办法缓解对方的对立情绪。

（3）双脚交叉。双脚交叉是一种防御性的姿势，当对方做出这一动作时，或许是对我们提出的某项要求或者条件不满，此时我们要抓住时机询问对方，化解对方的疑虑。

（4）双脚不停抖动或用脚敲打地面。双脚不停抖动或用脚敲打地面，主要表现的是对方的紧张、焦虑和不耐烦心理。一般来说，当对方反复衡量难以决定，或者难以说服我们感到焦虑，或者当我们喋喋不休，对方很想结束面谈而又不好意思直接提出时，就会通过这种动作来表达自己的心情。

总之，要想从对方的肢体语言中获取准确的信息，在解读肢体语言时我们必须结合周边环境以及谈判语境。由于肢体语言往往相伴发生，所以解读谈判对手的肢体语言时，我们一定要全面且仔细地观察。

> **谈判技巧**
>
> 肢体语言能够真实地反映人的心理活动，即使谈判对手刻意伪装，也会露出破绽。谈判时，我们要精准地把握对方的肢体动作，从其手部动作、头部动作以及腿脚部动作等方面获悉其真实心理。

七、分清对手的气质类型，谈判时"看人下菜碟"

俗话说，"看人下菜碟"。与不同气质的人谈判，我们要采取不同的方法。如果对方敏感孤僻，我们就要主动一些；如果对方性情豪爽，我们可以少一些顾忌。因此，谈判过程中，谈判对手的不同气质也会影响谈判策略的实施。

气质学说由被西方尊为"医学之父"的希波克拉底提出，他认为人可以分为四种气质类型，分别为多血质、胆汁质、黏液质和抑郁质。他认为人体内有血液、黏液、黄胆汁及黑胆汁四种体液，而气质类型的分类根据就是人体内四种体液的混合比例。

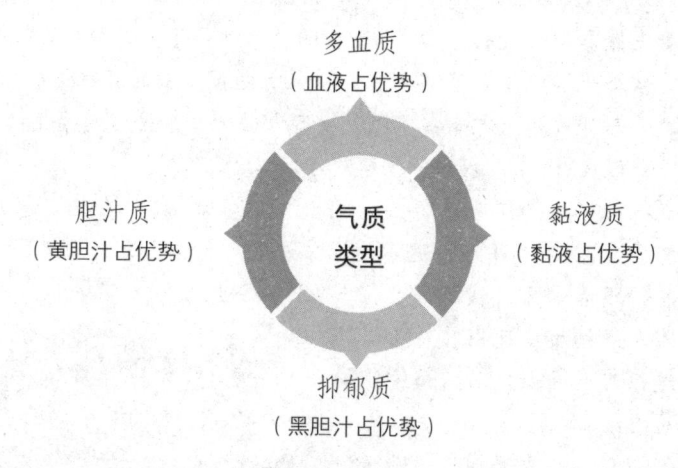

第八章
察言观色，把对谈判有利的细节尽收眼底

```
         多血质
       （血液占优势）

胆汁质      气质      黏液质
（黄胆汁占优势）  类型  （黏液占优势）

         抑郁质
      （黑胆汁占优势）
```

这四种气质类型的表现形式分别如下所述。

（1）多血质。多血质的心理特征为敏捷而好动，易于适应环境，性格开朗，善于交际，不安于循规蹈矩。

（2）胆汁质。胆汁质的心理特征为兴奋而热烈，热情直爽，善于交际，行为果断，反应迅速，但比较粗心，自制力较差，容易感情用事，比较鲁莽。

（3）黏液质。黏液质的心理特征为安静、稳健，行动缓慢而沉着，交际适度，态度持重，不易激动，不易流露情感，能够自制，只是有时不够灵活，有惰性，因循守旧。

（4）抑郁质。抑郁质的心理特征为沉静、敏感，精神上难以承受比较激烈的情感冲突，喜欢独处，交往受拘束，兴趣爱好少，性格孤僻，遇事犹豫，行为迟缓刻板。

需要特别注意的是，尽管我们可以根据气质类型学说大致判定谈判对手的气质类型，但这只是一种概括型的理论说法，而实际上人们身上往往会综合具有多种气质，只是其中的某一种气质比较显眼而已。

案例55　在餐厅偶识对手真实气质，谈判时采取针对措施获得成功

刘若钧作为公司谈判代表中的重要成员，前去某酒店进行商务谈判。尽管他已经做好了充足的准备，但面对这么重要的一个客户，他不免有些紧张。不过，谈判开始之前遇到的一件小事让他心里有了底。

刘若钧到酒店的餐厅用餐。餐厅内人声鼎沸，服务员谨慎地在客人之间穿梭，以免碰到他们。可是，不想发生的事情还是发生了。只听"咣当"一声，盘子摔在了地上。

刘若钧循着声音望去，只见一个服务员正慌里慌张地看着她对面的一位客人。

谈判心理学
制造强势心理势差的谈判技巧

客人身上穿着一件雪白的衬衣，但被盘子中的油污沾染了一大片。刘若钧心想："这位客人恐怕要吵个天翻地覆了。"不过，他并未听到预想中的那种争吵。服务员不停地向客人道歉，而那位客人却非常宽容，没有责怪她，只是拿起桌上的餐巾纸擦油渍，并对服务员说："没事，我擦一下就好了。"

服务员说："要不我帮您洗一下吧，衣服上这么多油渍，一会儿您怎么出去呢？"客人笑着挥挥手，说："不用了，这不是什么大事，我自己洗洗就行了。"这件事情就到此为止了，服务员又回到了自己的工作岗位，而客人继续平静地用餐。在刘若钧的心里，这位客人的大度与随和给他留下了很深刻的印象。

马上开始谈判，双方谈判代表进场。当看到对方代表时，刘若钧的内心一阵激动。因为对方公司的谈判代表正是他在餐厅里见到的那位客人。

谈判时尽管对方不想让别人看出其真实的本性，但刘若钧根据他在餐厅里的举动和言行，断定其身上具有典型的多血质特征。有了这么重要的一条信息，刘若钧便与公司谈判团队详细分析了应对多血质型对手的谈判策略，并应用到了与对方的谈判中。最后，这些策略取得了非常不错的效果。

通过这个案例可以看出，了解谈判对手气质的重要性可见一斑。因此，一旦了解了对方的气质特征，我们就可以大致了解对方在谈判时将会采取的行为方式。在这种情况下，我们不仅可以顺应对方的心理特点建立一个让对方感到融洽的谈判关系，也能未雨绸缪，提前制订出恰当的谈判策略。

> **谈判技巧**
>
> 谈判时，我们可以根据希波克拉底的气质学说观察谈判对手，判断其是否属于多血质、黏液质、胆汁质或抑郁质的某一种或者某几种的结合。一旦了解了对方的气质特点，我们可以有针对性地制订谈判策略，使谈判朝着对自己有利的方向发展。

第九章

拿情绪做文章，在定心前提下让对方为你所动

俗话说"冲动是魔鬼"，而不良情绪则是谈判场上的"魔鬼"。要想顺利地完成谈判，我们就要稳定自己的情绪，做好情绪调控，运用情绪感染效应使对方在情绪的影响下为我们所动。

一、运用情绪感染效应，让对方的情绪为你所控

有这样一则故事，生动地体现了情绪感染的"魔力"：一个小男孩心情很糟糕，走在路边看到一条小狗，便冲过去用力踢了一脚，吓得小狗慌忙地跑开了；因为受了惊吓，小狗看到路边一个中年大叔便一个劲儿地吠叫不止，这让中年人很心烦；这个中年人是个老板，他到了公司就把自己的坏情绪倾泻到自己的女秘书身上；女秘书憋了一肚子火，回家后把怨气全撒给了丈夫，丈夫感觉莫名其妙。第二天，身为教师的丈夫又找了个借口，把自己的一名学生训斥了一顿，而这个学生就是故事一开始踢小狗的那个小男孩。他在回家的路上又碰到了那只小狗，他觉得自己如此委屈全都是因为它，所以又冲上前去狠狠地踹了那只小狗一脚……

情绪感染就像是蝴蝶效应，一个不经意的坏情绪可能引发众多不如意的事情。因此，谈判时，不管情绪状态到底怎样，我们都要让谈判对手感受到我们的正面情绪，这样对方也会受到正面情绪的感染而变得积极。

乔·吉拉德非常擅长向顾客传递积极情绪的信号，比如，他曾经每个月给客户寄送1.3万张贺卡，而且力求在每张贺卡上面书写不同的祝福语。这些贺卡其实就是向每个客户说："我喜欢你！"据说，乔·吉拉德在总结自己的成功秘诀时，有一条就是不得罪任何一位客户。假如没有积极、正面的情绪来感染对方，要想做到这一点无异于痴人说梦。

一般情况下，情绪感染发生在无意识的状态下，而且情绪感染不仅对他人有效，对自己同样有效，也就是说，我们的情绪可能会影响自己的后续判断以及之后的情绪状态。比如，当我们想对谈判对手运用情绪感染策略而表现出愤怒情绪时，随着时间的推移，自己真的会变得越来越愤怒。这些负面情绪既会影响对手，也会影响自己，当自己深陷于负面情绪不能自拔时，当初实行这一策略的目的就难以达到了。

案例56 玛丽·凯用热情感染周围的人，通过卖书成功赚得第一桶金

1963年，玛丽·凯创办了自己的化妆品公司，聘请了许多美容顾问或推销员，年零售额约20亿美元。凭借出色的销售业绩，她成为当时美国最成功的商业界女强人之一。

第九章

拿情绪做文章，在定心前提下让对方为你所动

在玛丽·凯还是一位年轻妈妈时，一位名叫艾达·布莱克的妇女来到她家推销儿童心理学丛书。该书的读者群体是儿童，里面有许多儿童喜欢的故事，每篇故事都会讲述一个现实存在的问题和一种解决方案。玛丽·凯对这套书情有独钟，非常想买下来，可是书价很高，她不可能一次性付那么多钱。玛丽·凯对艾达说："等我存下钱，我再为孩子买一套吧！"

艾达见她那么喜欢这套书，便说："看您这么想买这套书，这样吧，只要您能卖出10套书，我就免费赠送您一套。"

玛丽·凯听到这个消息，高兴地立刻给她熟悉的亲朋好友打电话。她的热情使周围的人深受感染，结果只用了不到两天的时间就卖出10套，这让艾达非常不解："这些书本来不怎么热卖，您是怎么卖出去的呢？"

也正是这次机遇使玛丽·凯走上了推销的道路，在以后的9个月中，玛丽·凯一共卖出了25000美元的书籍，赚取了自己的第一桶金。

当然，当我们利用自己的情绪感染谈判对手时，也要防止对方的情绪对我们造成干扰。那么，我们应该如何规避呢？

1. 暂时离开

如果我们被对方激怒，这时对方的一个眼神或者一句话都会让我们如坐针毡，难以忍受，这时我们不妨先暂时离开，这是最明智的选择。

2. 暂停一分钟

如果我们已经感受到对方的负面情绪对我们的影响，可以提议暂停讨论一分钟。尽管时间很短，但这一分钟的暂停非常宝贵，它有可能会制止一场争斗，防止谈判破裂。

3. 转移注意力

一旦谈判陷入僵局，双方肯定都会带有负面情绪。假如感觉双方的情绪马上就要失控，可以暂停讨论这项议题，改换一个比较轻松的话题。这样做的目的是为了转移注意力，等到双方的情绪恢复平静之后再重新回归到谈判议题，这时双方都会更理智一些。

4. 让怒气合理宣泄

如果我们感觉自己的负面情绪已经堆积到一定程度，再继续忍受下去可能就会爆发，这时不妨先暂停谈判，出去做一些剧烈的运动，如跑步，把自己的负面情绪发泄出来，从而达到减压的目的。

谈判心理学
制造强势心理势差的谈判技巧

> **谈判技巧**
>
> 情绪在谈判时是一把双刃剑，运用得好，我们可以通过积极情绪引导对方，用负面情绪干扰对方，但同时也要注意负面情绪对自己的影响，并注意防止对方对我们展开情绪干扰。

二、表达"意外的惊讶"，增加对方让步的可能

作为谈判者，一定要学会表达意外的惊讶，一旦意识到这一点，我们不仅可以在谈判桌上获得很大的优势，而且在与他人讨价还价的场合中，我们都会占有优势。

对谈判者来说，当听到对方的报价之后，不管是否满意这个价格，都可以做出很惊讶的表情。因为如果不这样做，接下来很有可能会吃大亏。比如，如果我们非常喜欢一幅风景画，询问价格之后，对方回答 150 元。这时如果我们不感到惊讶，对方可能会接着说："你如果再加 30 元，我可以在上面题字，你想写什么都行。"假如我们还是不感到惊讶，对方就会在我们临走时说："这么精美的一幅画应该搭配一个精美的盒子，这个盒子挺好看的，原价 120 元，我只收你 70 元。"最后，按照对方的说法我们多花了 100 元。这些东西是否真的物有所值暂且不说，但有一点是肯定的，如果我们在对方第一次报价时表达出意外的惊讶，并且和对方讨价还价，最后所花的钱肯定比现在要少得多。

在很多谈判中，很多时候对方或许就没想过我们会接受他们提出的条件，有时也只是随便一提，带有一定的侥幸心理，如果我们不表达意外的惊讶，对方就会在心里暗自琢磨：既然他觉得没什么，那我就继续提高要求，万一对方又同意了呢？

案例 57　广告公司谈判代表接连平静地让价，反而让客户疑惑退出

李硕经营一家化妆品公司，他打算与一家广告公司合作，宣传推广自己的产品。李硕对这家广告公司的业务非常熟悉，也很认可该公司，对合作很有信心，所以他决定在这家广告公司进行广告投放。

广告公司首先出的报价李硕认为并不高，只有 15 万元，但他想把价格再降低一些，压到 10 万元。于是，他装作十分惊讶地说道："什么？15 万？这也太高了吧！这种广告业务在别的广告公司顶多 10 万块。"

没想到广告公司的谈判代表很痛快地回答道："10 万也行，就这么定了！"

第九章
拿情绪做文章，在定心前提下让对方为你所动

李硕心想，既然价格这么快就能降下来5万元，如果再争取一下，说不定还能降得更多呢！于是，他对广告公司的谈判代表说："不好意思，我自己还做不了主，下午公司正好有个会议，我再与董事会商量商量，看他们怎么做决定吧。"

第二天，李硕给对方打电话，说："抱歉，我本以为董事会肯定能接受10万元的价格，但他们就是不同意。公司给的预算让我很头疼，他们给了一个新报价，我不知道现在该不该开口说出来。"

广告公司的谈判代表问："他们说最多付多少？"

"6万元。"李硕说。

"可以。"对方谈判代表平静地说道。

看到对方丝毫不吃惊，李硕十分疑惑，找了个理由挂断电话，也不想跟这家广告公司合作了。

在正式谈判中，先报价的一方怕被自己报出的价格所制约，所以报价时一般都保留很大的讨价还价的余地，此时另一方的意外惊讶可以让其有所顾虑，不敢得寸进尺。

> **谈判技巧**
>
> 当听到谈判对手第一次报价时，我们一定要做出意外的神情，因为对方往往并不认为我们会接受他们的第一次报价。如果我们不感到意外，对方就会认为我们已经认同这个报价，甚至会在接下来的谈判中得寸进尺。

三、要有一张扑克脸，掌控住自己才能击垮对手

在日常生活和工作中，我们需要与各种各样的人打交道，谈判其实无处不在。而谈判者往往都有一张扑克脸，时刻隐藏着自己的真实情绪，而且他们会在适当的时机表现出恰当的情绪。

我们每个人都可以调节自己的情绪，也可以控制自己情感的表达程度。拥有这样的能力将会在无形之中增加谈判的优势。那么，谈判中我们应该如何调节自己的情绪呢？

1. 避免焦虑

当我们面临威胁时，可能会预想到之后的不良结果，这时我们可能会陷入压力中，产生逃跑的冲动。因此，谈判中拥有能够抑制逃跑冲动的耐心和韧性是极

大的优势。

焦虑会对谈判结果产生重要的影响。人们在焦虑的时候会变得非常敏感，对对方的任何举动都会迅速回应，而且可能过早地退出谈判。由于过早退出谈判会降低从中获得的利益，所以处于焦虑情绪中的谈判者获得的利益要明显少于不焦虑的谈判者。

另外，自信的谈判者很少受到焦虑情绪的困扰，而感到焦虑的人都比较缺乏自信，在做决定之前会更多地参考其他人的意见，而且缺乏自己的判断。这说明处于焦虑情绪中的谈判者更容易被对方左右。

那么，如何才能在谈判中最大限度地克服焦虑情绪呢？方法是培训、练习、预演，不断地提高抗压能力和谈判水平。因为焦虑一般是对异常刺激的反应，当我们对异常刺激非常熟悉时，就可以从容应对，减少焦虑感。

2. 管理愤怒

尽管愤怒和焦虑都是消极情绪，但两者之间有着不同的指向性。愤怒并不关注自我，而是指向他人。

大多数情况下，我们应该努力控制自己的不良情绪。但很多人认为表达愤怒可以争取谈判优势，甚至有些人故意夸大自己的愤怒情绪。在某些情况下，愤怒情绪的表达确实对自己有利。研究发现，在几乎不会展开合作的一次性交易型谈判中，愤怒的谈判者会签订更有利于自己的协议。比如，当我们到车行购车时，和销售人员讨价还价时，这种方式有可能会产生正面的效果。不过，如果谈判双方想要建立长远的合作关系，那么在谈判过程中还是尽量压制住愤怒情绪。

如果我们能意识到谈判不可能一次性结束，而需要进行多轮谈判时，当现场气氛变得紧张时就可以要求中场休息，等情绪冷静之后再谈。当谈判产生激烈的冲突时，最为明智的做法便是适时中止或暂停。

3. 应对失望和遗憾

谈判并非二元对立，非赢即输的。多数复杂的谈判，双方肯定都有对自己有利与做出让步的方面，关键是如何审视达成的协议，是否能够从总体上满意双方达成的协议。

在谈判快结束时，向对方表达愤怒可能会招致其防御性反应，导致谈判出现僵局，而表达失望则会鼓励对方反思自己的行为，从而使其调整自身立场。

让谈判者产生失望情绪的一个重要原因是谈判速度。假如谈判展开或结束得过快，谈判者便会产生不满情绪，这让他们质疑自己的努力程度。解决这一问题的办法就是放慢谈判速度，谨慎行事。

4．切忌喜不自胜

当协议签订之后，我们展现出来的开心或兴奋很有可能触发对方的失望情绪，让对方产生挫败感。除此之外，喜不自胜时人们往往会过度自信，很有可能在信息不足的情况下承诺过多，为之后的交易埋下隐患。

因此，即使谈判结果对自己十分有利也不要过于激动，更要心平气和，并夸赞对方，憧憬以后的合作前景，让对方也感受到谈判给其带来的好处。

> **谈判技巧**　情绪过多地流露在脸上对谈判来说不是一件好事。不管是谈判前、谈判中，还是协议达成后，我们都要十分平静，如果心中带有某种负面情绪，要及时进行调整。

四、学会适时沉默，不战而屈人之兵

与滔滔不绝地讲话相比，有时沉默能给人一种更有城府的感觉，威慑力更强。沉默是一种无形的力量，可以表达自信，展现耐力。在与客户谈判时，我们可以运用沉默这一重磅武器，迫使客户较早地摊牌，从而达到"不战而屈人之兵"的效果。

比如，顾客面对自己喜爱的商品，一般不会轻易地放弃购买，他们之所以拒绝，有时是在故意试探我们的底线，这时我们要再坚持一下，直到他们问："最低价是多少？"要知道顾客之前所说的话都是在为这句话做铺垫。

这时千万不要把底价告诉顾客，不要奢望其会到此收手，知道底价之后，他们仍然会以不合作的态度"威胁"我们，哪怕最后没有购买，顾客也算是赢家，因为其知道了我们的底线，等下次购买或去别的同类店铺购买时，他们都掌握了主动权。

可以这样问顾客："你出个更合适的价吧！"打探一下对方的底牌。顾客或许不那么直率，迟迟不说自己想出的价格，而会继续施压，迫使我们说出具体的数字。这个时候应该如何应对呢？我们可以重复之前的话："还是你出个更合适的价吧！"然后就不要说话了，一个字也不说，保持沉默。

谈判心理学
制造强势心理势差的谈判技巧

古希腊有句民谚:"聪明的人,借助经验说话;而更聪明的人,根据经验不说话。"许多擅长心理战的谈判高手经常会利用沉默击败对手,达到自己的谈判目标。谈判时,说得越少,我们就越能掩藏自己的真实意图,也就越能掌握主动权;而说得太多,很可能会自掀底牌。

沉默也是一种艺术,但需要掌握分寸,不能滥用。那么,谈判中怎样把握沉默的"度"呢?

(1)把握好沉默的时机。沉默的时机一定要把握准确,不能无缘无故地沉默。什么时候该沉默,什么时候不能沉默,一定要准确判断时机,否则会很被动。

(2)控制好沉默的时间。要根据需要决定沉默时间的长短,但沉默一定是暂时性的,只要获得了成效就应该结束沉默的状态。

(3)明确沉默的目的性和计划性。沉默不是消极行为,而是以退为进的积极行为。它是一种谈判策略,目的在于更有效地控制谈判局面,是对谈判后续行为的准备和酝酿。

案例 58　谈判专家运用沉默战术,促使保险公司理赔额增加30万美元

谈判专家路易斯的朋友遭遇了一次意外事故,由于之前投了保险,所以他可以获得保险公司的赔偿金。考虑到自己不懂谈判,他便邀请路易斯代表自己与保险公司交涉赔偿事宜。

理赔员与路易斯见面之后,说:"先生,我知道您是谈判专家,而且经常处理高额理赔,但这回您可能要失望了,恐怕我们无法赔偿太多,只能承受 50 万美元的赔偿,您觉得如何呢?"

路易斯表情严肃地沉默着。

过了一会儿,理赔员有些沉不住气了,说:"只要你们的要求不太过分,也是可以增加一点儿的,上下浮动 5 万美元也是允许的……"

路易斯又沉默了好长时间,然后才说道:"抱歉,我们无法接受。"

理赔员继续说:"好吧,一口价,70 万美元,您看怎么样?"

路易斯又沉默了一会儿,说道:"这个嘛……还是有点儿……"

理赔员此刻快要坐不住了,他最后妥协地说道:"好吧,80 万美元。"

路易斯沉默了一会儿,说:"那好吧!"

最终双方达成了 80 万美元的理赔协议,而他的朋友原本只希望拿到 55 万美元。

谈判时恰当地运用沉默策略,可以让谈判对手先沉不住气,在心理战中认怂,从而使我们掌握谈判的主动权。总之,适当的沉默在谈判中可以起到"此时无声胜有声"的效果。

当然,沉默并不是一直不说话,而是表现出一种胸有成竹、沉着冷静的姿态,让对方觉得我们运筹帷幄,有着志在必得的自信,这样对方就会沉不住气,先亮出自己的底牌。

虽然说"沉默是金",但还是需要具体情况具体分析。当谈判陷入尴尬或火药味十足的时候,适时的沉默可能会巧妙地调整谈判的氛围,而当谈判气氛愉悦或谈判正处于关键时刻,沉默则会适得其反。

> **谈判技巧**
>
> 虽然说沉默战术有时很有效,但在运用这种战术时我们要首先明确沉默的目的性,把握好沉默的时机和时间,以退为进,用"无声的钟表"压迫对方的神经,使其放弃立场,自动妥协,从而获取谈判的主动权。

五、保持乐观与耐心,让对方的攻击自讨没趣

谈判者要想激发自身的潜能,保持乐观的情绪是一种有效的办法。乐观是人们看待事物的一种积极态度,它可以调节情绪,最大化地激活自身潜力,从而使我们更加自如地应对谈判。

不过,只有乐观是远远不够的,还必须要有耐心,这是抵御谈判波折的重要力量。乐观需要耐心的支撑,不然一遇到挫折就会很快丧失乐观的态度。有了耐心,聪明才智便有了发挥的土壤,在谈判桌上爆发出惊人的能量也就不足为怪了。

谈判双方的底线让步一般出现在谈判结束之前的时间段内,此时大多数谈判者都想通过软磨硬泡使对方做出妥协,这是对双方耐心的考验。在最后一刻,谁更有耐心,谁就更有可能成为最后的赢家。

谈判高手一般都是极具耐性的人,他们在对方急不可耐,甚至展开攻击时,也能让自己变得更加冷静,一旦对方看不到成果,其攻击势必会反向影响到自己,那种急切的情绪会让其更被动,而谈判高手的冷静在对方看来更是一记重击,对方多半会方寸大乱。

保持耐心看似很简单,毕竟它不需要额外付出什么,大多数情况下只需要安静

地倾听即可,实际上并没有想象中的那么容易,因为内心的煎熬有时让人难以承受。因此,谈判时我们要努力做到最好,稳定自己的情绪,不要被对方的话语激怒,用始终如一的耐心获得谈判的胜利。

> **谈判技巧**
>
> 耐心是应对软磨硬泡的最佳方式,在耐心的支持下,乐观情绪会推动自己发挥出更出色的能力。耐心的重要性还在于,在谈判的最后时刻,谁能以耐心和乐观态度坚持到最后不动摇,谁就能获得谈判的最终胜利。

六、说话别太软弱,硬气一些才会让对方刮目相看

作为思想感情交流的重要工具,语言的表达方式多种多样,可以柔和,可以犀利,可以强势,根据不同的谈话对象和沟通情境可以变换表达方式。谈判时,如果说话太软弱会让谈判对手占据主动,得寸进尺,有时需要运用犀利的语言讲讲比较硬气的话。

犀利的语言能够击中对方的要害,使其有所顾忌,令其知难而退,最终达到征服对手的目的。犀利的语言在内容上肯定有比较犀利的成分,而且对语调、语气也有着特殊的要求。那么,如何让自己的语言变得更犀利呢?

(1)语气要柔中带硬。柔中带硬,就是指说话的态度是柔和的,但话语中隐藏着强硬的成分,这种表达方式会让对方刮目相看。

(2)委婉含蓄的表达。语气强硬并非要锋芒毕露,而是让犀利的语言隐藏在字里行间,通过委婉含蓄的表达方式展露自己的强硬态度。把话说得委婉含蓄,但又能深刻地影响他人,使其体味到话中的锋芒所在,这样的表达方式让人不得不敬畏。

> **谈判技巧**
>
> 谈判时说话要有底气,说话太软弱会让对方占据主动权,而且光凭气势就能奠定谈判胜利的基础。要想不被对方压制,我们就要敢于说出比较犀利的话语,不需锋芒毕露,而要委婉含蓄,将自己的强硬态度隐藏在柔和的话语中。

第十章

破解对手套路，
见招拆招才能扭转乾坤

谈判中，如果我们不了解谈判对手的各种套路，只会在谈判过程中处于劣势，永远无法达到自己的谈判目标。因此，我们要学会用太极策略应对谈判对手，将自己面临的不利局面转换成有利局面，进而获得谈判的决定性胜利。

谈判心理学
制造强势心理势差的谈判技巧

一、制造误解，使对方的出尔反尔受到惩罚

谈判中，如果对方在达成协议之后出尔反尔，再次提出条件，我们也不要觉得被动，可以故意制造一些误解，然后双方解决我们故意制造的"误会"，这样就避免了对方无休止的要价，也有可能使其降低原先要价的标准，而且不至于引起对方的对抗和反感。

案例 59　元器件厂家制造误解再次加价，化解对方的得寸进尺

某家电生产公司准备采购一批元器件，经过筛选和调查，最终选定了一个元器件厂家。经过双方谈判代表的多次谈判，最后在价格方面达成一致，某元器件的单价为 15 元。

不过，就在正式签署合同时，家电生产公司的谈判代表出尔反尔，说："目前生意十分不好做，元器件成本越来越高，我们售卖的电器总成本也是越来越高，导致定价不断攀升，而定价高了，我们不好卖货，所以希望你们把价格降到 13 元，不然我们要不起。"

元器件厂家的谈判代表明白这是怎么回事，对方其实就是想试探价格是不是仍然存在下降的空间。这时他表现得很平静，也没有立刻做出妥协，而是说："这个问题我不能做决定，我需要回去向领导汇报一下，明天再回复你。"

第二天，元器件厂家的谈判代表再次回到谈判桌时，带着遗憾的表情说道："实在不好意思，昨天我们又重新核算了一下元器件成本，发现有个中间环节出了错，原材料的价格已经上涨，但评估人员疏漏了，所以说昨天说的 15 元报价实在太低了，我们应该报的价格是 18 元。"

这时，家电生产公司的谈判代表立刻变得紧张起来，此时已经无心再讨价还价，急切地说道："我们不是说好单价 15 元了吗，就按 15 元，咱们马上签合同！"

通过制造误解临时反悔，这在谈判中也是一种非常有效的心理策略。不过这一策略含有"赌"的成分，既有可能促使成交，也有可能直接导致谈判破裂，所以使用时我们一定要慎重。

> **谈判技巧**
>
> 当我们在谈判中明明与谈判对手先期达成一致意见，而后对方得寸进尺，出尔反尔时，我们就可以运用制造误解的策略，巧妙地抵抗回旋，掌握谈判的主动权。

二、避重就轻，避开主要问题谈其他条款

当谈判出现僵局时，双方一般会僵持在某个问题上。为了不至于扩大冲突，我们可以暂且避开这个问题，先磋商其他条款。假如双方在价格问题上无法谈拢，可以把这一问题暂时放在一边，先谈谈交货日期、付款方式、运输条款或保险条款等。或许在这些方面都达成一致意见以后，双方就会坚定解决问题的信心，其中一方很可能在价格上做出适当的让步。

案例 60　推销员巧妙回旋，转移话题做出有效承诺成功推销碎纸机

由于碎纸机可以销毁文件，防止泄露重要的信息，所以很多公司都会拿出预算置办这样的机器。一家办公用品公司的推销员李霖得知某公司的办公室缺少碎纸机，于是前去推销产品。

李霖先向办公室主任简单介绍了碎纸机的性能，然后让其试用。办公室主任说："虽然碎纸机的用途很大，这个产品的性能也不错，但我们办公室主要是年轻人，很多人毛手毛脚，我很担心用不了几天就会坏掉。"

李霖立刻说道："要不这样吧，等明天我送货过来的时候，我再详细介绍一下碎纸机的使用方法和注意事项。这是我的名片，请您收好。如果在使用过程中有什么问题，打这个电话随时都能联系我。主任，如果可以的话，就这样定下来吧？"

办公室主任听完他的话后略加思索，认为没什么问题，便点头同意，并催促他尽快送货。

案例中的办公室主任担心的是年轻人容易把产品弄坏，其实隐含着一丝不想购买的意味，如果李霖在这方面与办公室主任死磕，无疑会激发办公室主任的反感情绪，以致丢失订单；相反，他把话题转移到碎纸机的使用方法、注意事项以及维修服务方面，巧妙地消除了办公室主任的疑虑，使其做出了购买的决定。

当然，避重就轻不仅是一种谈判方式，也是一种心理学方法。我们要认真研究谈判对手的心理，谈判过程中对其施加影响和积极引导，不要东拉西扯。要记住，避重就轻的"轻"虽然重要性不及主要问题，却也是对方关心的有关交易的要素。

> **谈判技巧**
>
> 谈判时，一旦陷入僵局，我们不要较劲，而应转移话题，先谈一些不太重要的问题，在这些问题上努力达成一致，再回到重要议题上。这时谈判双方可能已经心平气和，达成谈判的信心更足，做出让步的可能性也更高。

三、迂回闪躲，让自己的短板绕过语言攻击

谈判者都有长处和短处，都希望对方对自己的长处进行赞美，而不想听到其对自己短处的谈论。但在实际谈判中，很有可能会遇到利用我们的某些短板来压制我们的对手，这时我们就要采用迂回闪躲的方法，巧妙地绕过其语言攻击。

案例 61 日化公司产品经理风趣回应客户攻击，强势证明产品质量

某日化公司的产品经理与客户谈判，客户说："我听说贵公司的洗发水经过质检部门的抽查，存在分量不足的情况。"客户以此为筹码，想让日化公司降低售价。

这位产品经理回应道："一个专门为空降部队生产降落伞的军工厂，其产品不合格率为万分之一，也就是说，在10000名士兵中，就有一个士兵因为降落伞的质量问题而牺牲，军方无法接受这样的事实。于是，他们提出降落伞生产出来之后，军工厂主要负责人要在抽检时亲自跳伞。从此，降落伞的合格率一直保持在100%。这样吧，如果贵公司提货后发现洗发水的分量不足，那就将其赠送给我与公司总经理一同分享，我们公司成立10周年以来，我这是第一次遇到免费使用洗发水的机会。"

看到这位产品经理如此自信，客户顿时哑口无言，因为他说出来的这些话是自己编造的，目的是降价，而这位产品经理的一番话让他只好接受之前的价格，最终达成购买协议。

这位产品经理的话从一个故事入手，不仅转移了客户的话题，还委婉地阐述了拒绝降价的理由，十分巧妙地躲过了客户对洗发水分量不足的无端攻击。

要想在谈判中避开对方的言语攻击，可以适当运用一些心理策略，如用比喻的方法举例说明；采用游击战术，曲径通幽，不正面冲突，拖延时间；找出彼此之间

的关系等。

在运用这些心理策略时，我们要注意以下几点。

（1）情绪一定要平静，控制好自己的情绪不仅能够表现出自己的涵养，还可以从容、冷静地思考应对策略。

（2）不宜直接表达自己的不满情绪，可以旁敲侧击。

（3）反击对方时不仅要巧妙迂回，还要击中对方的心理软肋，使对方哑口无言，对我们刮目相看。

> **谈判技巧**
>
> 当谈判对手对自己的短板语言攻击时，我们不要完全失去理智地与之对立，因为这可能只是对方的战术，为的是刺激我们的不良情绪。这时，我们要巧妙地迂回闪躲，同时给其一个下马威，让其言语攻击失效。

四、面对言语攻势，巧妙地"以毒攻毒"

作为谈判者，难免会遇到谈判对手的百般刁难、肆意制造难题施加压力的情形。对方这样做的目的是为了使我们处于谈判的弱势地位，这时最好的应对办法就是"以毒攻毒"，也就是"以其人之道还治其人之身"。

1. 听懂对方的弦外之音

如果一个猎人只知道带枪，而不知道瞄准猎物、抓住时机扣动扳机，要想打到猎物简直是痴人说梦。同样，要想在谈判过程中反击谈判对手，我们就一定要先把对方的话听明白，瞄准靶子再放箭。

这就要求我们的思维要敏锐，能够预先判断谈判对手的攻击倾向，及时判断出对方下一步所要使用的手段，抢先给对手设置难题，使其将要施展的手段毫无用武之地。

2. 故意效仿

有时我们无法对谈判对手运用的手段防患于未然，"以毒攻毒"的应变对策只能用于事后补救。假如谈判对手提出了极不合理的要求，我们也可以向其提出十分苛刻的要求，逼迫其收敛盛气凌人的态度，收回其无理要求。

谈判心理学
制造强势心理势差的谈判技巧

案例 62 制造厂谈判代表效仿对方无礼提问，让其收回降价要求

某机械工具制造厂正在与一家生产公司谈判，生产公司谈判代表希望制造厂把价格再降低 10%，并说："假如价格能在今天降低 10%，那么明天贵厂就可以获得我们的大订单了。"

制造厂谈判代表对本厂的利润空间十分清楚，如果答应对方的要求，这笔折扣就只好从合同的毛利中扣除，几乎会卷走这笔交易的全部利润。所以，他们万万不能同意对方的这个要求。

生产公司谈判代表没有在价格问题上继续死缠烂打，而是对产品质量产生了质疑，他问："据说贵厂的产品销量最近很不乐观，是不是产品质量存在问题呢？"

制造厂谈判代表听出了对方的弦外之音，但没有直接回答对方的提问，而是反问道："听说贵公司在向银行申请贷款，是不是资金周转出现了问题？"

生产公司谈判代表发现在这次谈判中并没有压制住对方，最后只好按照之前的价格签订了订货合同。

3. 条件式回答

当谈判对手提出过分的要求时，我们可以先答应对方的要求，但要限定一个对方不可能接受的条件，这个条件可能会让对方知难而退，而我们则会不战而胜。

需要注意的是，当谈判对手提出对抗性的不合理要求时，我们最好以平和的情绪面对对方，这样可以在不激化矛盾的前提下使对方认识到我们的强势。

> **谈判技巧**
> 如果谈判对手百般刁难，我们切不可示弱，而应该"以毒攻毒"，也向其提出不合理要求。如果我们能够预先知道对方的手段，提前采取措施则更好。需要注意的是，强势反击并不意味着态度恶劣，以免激化矛盾。

五、用模糊语言作缓兵之计，巧拒不想回答的问题

谈判中，我们可能会遇到谈判对手提出的一些与谈判主题无关的问题，这些问题很容易扰乱我们的思维，并且回答这些问题也会浪费时间，甚至可能是对方故意激怒我们的手段，目的就是想使我们失去自制力。回答这种问题有百害而无一利，因此我们可以拒绝回答，而拒绝回答的方式可以采用模糊语言。

模糊语言能够体现一个人随机应变的能力，我们可以使用模糊语言来避免紧张的气氛，不仅能够帮助自己脱身，而且也不会给对方带来负面的心理影响。

谈判高手都懂得恰当地使用模糊语言，以微妙的方式应对他人的问题，这样不仅能给对方留面子，避免后顾之忧，还能避免尴尬，不用承担后续问题的责任。

案例 63　导游使用模糊语言，使乘客情绪冷静下来

一艘豪华客轮在距离停靠点十几千米的地方突然停了下来，起因是驾驶舱出现了一些故障。乘客在等待几十分钟之后终于忍受不住内心的焦躁，纷纷指责导游，质问他为什么没有提前检查客轮，追问客轮重新起航的时间。

面对情绪激动的乘客，导游表现得镇定自若，一直保持着微笑，她用十分平静的口吻对大家说道："大家不要着急，客轮并没有什么大问题，只是出了一点儿小毛病而已。技术人员正在检查，一会儿就能修好。为了大家的安全，请大家耐心等一会儿，不要走远，也不要站在危险的地方，客轮马上就能起航。"

导游一直重复着这些话，乘客的心情也慢慢平静了下来。一小时后，客轮重新起航了。

在这个案例中，导游在回答乘客的问题时多次使用"一会儿""马上"等模糊性词语，既能避免乘客情绪再次激动，也没有给乘客确切的答案而给自己留有回旋的余地。就是凭借模糊语言，导游让乘客安静地等待了一个小时。如果导游当时给乘客承诺"15分钟以后就可以起航了"，而15分钟之后客轮仍然没有起航，乘客的情绪无疑会再次出现波动，还会向导游发泄不满。

谈判中的模糊语言有多种表达形式，如闪烁其词、答非所问、避重就轻等，都是为了不把话说得太死，给自己留有一定的余地，也给对方留足颜面，保证继续谈判的可能。模糊语言也是拒绝的一种形式，只不过不是生硬的拒绝，而是讲究策略，做到既有力度又不伤人。

> **谈判技巧**
>
> 当谈判对手提出一些与谈判主题无关的话题，或者情绪激动，或者想扰乱我们的情绪时，我们要会巧妙地拒绝回答，此时不妨使用模糊语言，既能给自己留有余地，又能给对方留面子，还能使对方知道我们的想法，从而有所收敛。

六、反客为主，引导对方按我们的思路走

一般来说，主人居于主导地位，客人居于被主导地位，反客为主就是变被动为主动。在谈判时要想反客为主，关键在于要趁对方疏忽时抓住对方的要害并进行放大，打对方一个措手不及，进而实现自己的谈判目标。

如果谈判时发现对方有不合作的想法或者试图恃强凌弱的做法，我们就可以根据对方的漏洞借题发挥，往往可以引导对方按我们的思路走下去。

案例 64 谈判学家罗伯斯刻意"找茬"，知名家电商场只好一再降价

美国谈判学家罗伯斯有一次去购买冰箱，他来到一家知名的家电商场，精挑细选，最终找到了一款自己喜欢的冰箱。当他询问价格时，营业员告诉他："300美元一台。"

罗伯斯觉得这款冰箱的价格绝对不会这么高，于是他问道："这种型号的冰箱一共有几种颜色？"

营业员回答："一共有32种颜色。"

罗伯斯问："我能看看样品本吗？"

营业员回答："当然可以！"她很快就拿来了样品本。

罗伯斯边看边问，然后又往店内扫视了一圈，问："这些都是你们店里的现货？有多少种颜色？"

营业员说："现货有22种，请问您要哪一种？"

罗伯斯指着样品本上有但店里没有

的颜色，说："我觉得这种颜色的冰箱放在我的厨房内比较搭配。"

营业员摇了摇头，说："实在不好意思，现货中没有这种颜色。"

罗伯斯遗憾地说："但其他颜色和我厨房的颜色都不搭调啊！我不能选自己想要的颜色，还要付这么多钱，要是不能便宜，我只好去其他店了，别的店里应该会有我想要的颜色。"

营业员说："好吧，那就给您便宜一点儿。"

罗伯斯突然像发现了什么似的说道："这台冰箱有些小毛病，你看这里。"

营业员凑近了仔细观察，然后摇摇头说："没有什么毛病啊！"

罗伯斯装作惊讶的样子，说："什么？你看不出就是没毛病吗？这只说明毛病小，但毛病再小，冰箱外表有毛病也应该打点儿折扣吧？"

结果，罗伯斯以不到200美元的价格买下了他十分中意的冰箱。

要想反客为主，要求我们在谈判过程中随机应变，因为对方的有些漏洞是我们事先了解到的，而有些漏洞则是对方在谈判过程中无意间暴露出来的，我们要及时抓住对方的漏洞并进行放大，才会在谈判中反客为主，获得优势。

> **谈判技巧**
>
> 当谈判对手处于主导地位时，我们不用惊慌，不要气馁，随机应变，积极寻找对方的漏洞并进行放大，夺回谈判的主动权，反客为主，为取得谈判的成功创造条件。

七、以谬制谬，以其人之道还治其人之身

谈判双方话语交锋，说出来的话并非句句都在理，有时也会出现谬论，关键要看我们能不能快速识别并及时地做出纠正。面对谈判对手的谬论，有时我们可以用确凿的事实、有力的论据进行反驳，有时运用以谬制谬的方法也能达到制服对方的目的。

以谬制谬，就是用与对方同样荒谬的言语进行反击。简单来说，当对方说出错误的言论时，我们不必纠正，而是顺着对方的错误言论推出错误的结果，而错误的结果正好使对方的错误言论不攻自破。

这种谈判方式的巧妙之处在于，由于错误的结论是从对方说出的话中推导出来的，说明对方说出的话是错误的，这无异于让对方打自己的耳光。正因为这样，我们才可以在谈判时发挥强有力的作用，让对方无法还击，哑口无言。

以谬制谬主要有三种方式。

（1）类推式。将谈判对手的谬论作为前提，再运用类比法推导出一个错误的结论，说明对方言论的荒谬。

（2）仿用式。模仿对方的语言及思维，然后将其运用在对方的身上，使其"自取其辱"，并意识到自己言论的不合理之处。

（3）放大式。将对方的谬论引申放大，使其变得极为醒目，使对方也觉得荒谬可笑。

以谬制谬需要谈判人员的智慧，当纠正对方的谬误以后，能够扭转谈判的态势，重新赢得主动权。

案例65　皮箱厂谈判代表用金表"以谬制谬"，让对方按合同收购皮箱

王成经营一家皮箱厂，因为经营有方，生意越来越好。这让同行李旭非常嫉妒。李旭经过深思熟虑，打算想办法搞垮王成的皮箱厂。

于是，李旭与王成的皮箱厂签订了订货合同，李旭从王成的皮箱厂订购皮箱5000只，价值300万元。合同规定交货期为2个月，并且着重说明如果卖方货物的质量不合格，需要赔偿买方60%的损失。

2个月之后，王成的皮箱厂送来货物，但李旭说："咱们合同上明明写的是皮箱，但你们送来的5000只箱子全都含有木料，这根本就不是合格产品。"王成没想到对方会这样，他不想自己蒙受这样巨大的损失，于是双方展开了谈判。

王成的一个朋友宋翔是谈判专家，他便委托宋翔代表自己与李旭进行谈判。谈判中，李旭重申了自己之前说过的话，这时宋翔从口袋里拿出一块金表，问对方："请问这是只什么表？"

李旭回答道："这是德国金表，可这跟这件事情又有什么关系呢？"

"当然有关系！"宋翔斩钉截铁地说道："李总，你刚才承认这是金表，是吧？可如果按照李总的逻辑，这块金表里边的机件不是金制的，就不能算是金表，对不对？"

李旭无言以对，只好乖乖地按合同收购了这5000只皮箱。

在使用"以谬制谬"这种谈判方式时，我们要注意2个问题。

1. 确保对方的言论是错误的

既然是"以谬制谬"，就只能针对对方的错误言论，假如对方的言论是正确的，按照这种方式所推出来的结论只会证明我们的言论是错误的。

2. 采用以退为进的辩论

以谬制谬其实是以退为进的一种方法，即便发现对方的言论极其荒谬，也不要急切地说破，而是先退让一步，承认对方的观点是合理的，然后引申对方的论点，推出一个明显错误的谬论，以其人之道还治其人之身，有力地驳倒对方的荒谬观点。

> **谈判技巧**
>
> 以谬制谬，让对方用自己的话打击自己，使其有口难辩，就像搬起石头砸了自己的脚。这种反击很有力度，对方也会因为我们的有力反击产生挫败感，我们也能重新夺回谈判的主动权。

八、难得糊涂，对敏感问题含糊其词

难得糊涂，就是在该装糊涂的时候就要装糊涂，这样可以避开谈判中的尖锐问题。由于谈判过程中有许多话不便直接说出来，这时我们便可以揣着明白装糊涂，说些糊涂话，向对方发出暗示。

当我们假装糊涂地说"不知道"时，对方一般就会明白我们不想回答这个问题，从而识趣地绕开话题，不再纠缠。如果对方不识趣也没关系，我们可以继续装糊涂，对方无疑是自讨没趣。

装糊涂其实是委婉之道，能在传达自己态度的同时保留对方的面子。谈判过程中，遇到尖锐的问题而无法直接表达自己的想法时，我们不妨装装糊涂。那么，在实际谈判中如何装糊涂呢？

1. 揣着明白装糊涂

当谈判对手向我们抛出尖锐的问题时，即使我们知道问题之所在，但为了掩盖自己的真实想法，可以假装糊涂，将尖锐的问题还给对方。例如，在谈到某些问题时，如果不想发表自己的意见，我们可以反问对方："真的是这样吗？"

案例66 日本谈判代表假装不懂，大挫对方锐气，成功压低飞机价格

日本一家航空公司打算引进法国飞机，于是商定日期与法国的一家飞机制造厂商展开谈判。

为了让日本航空公司的谈判代表详细了解产品的性能,并使日方公司慑服于法方公司的实力,法方谈判代表做了大量的准备工作。

谈判一开始,法方谈判代表就滔滔不绝地阐述了自己公司的实力和产品的质量水准,日方谈判代表几乎不说话,大部分时间都是在埋头做笔记。等到了实质性的谈判阶段,日方谈判代表仍然不发表任何意见。

法方谈判代表沉不住气了,问:"贵公司觉得怎么样呢?"

日方谈判代表显得很疑惑,说:"我们不太明白。"

法方谈判代表十分惊讶,问:"不太明白?这是什么意思?"

日方谈判代表略显尴尬地说:"您说的那些数据资料我们不懂,没听明白。"

法方谈判代表说了半天,换来的却是一句"不明白",于是十分沮丧地问:"那你们希望怎么办?"

日方谈判代表回答道:"您能不能再介绍一遍?"

法方谈判代表无可奈何地表示同意,于是又耐着性子重复了一遍。就这样,经过这么一折腾,法方谈判代表的锐气大挫,很快就做出了让步,日本航空公司用最低的价格购得了法国厂商的飞机。

在这个案例中,法方谈判代表其实就是上了日方谈判代表的当。日方谈判代表在谈判时故意装作听不懂,要求法方谈判代表重复解释,挫掉了对方的锐气,使其精疲力竭而做出让步,从而达到了自己的谈判目的。

2. 故意曲解成另外一种意思

有时我们可以把大家都认同的意思故意曲解成其他含义,从而巧妙化解谈判中的尴尬局面。

3. 通过装糊涂来委曲求全

当自己的条件还不具备、时机不成熟时,如果协商不一致,为了达到最终目的,我们不得不适当地装装糊涂来委曲求全。

> **谈判技巧**
>
> 当不想回答谈判对手的尖锐问题时,闷不作声是不行的,一定要有所回应,这时可以装作不明白对方的意思,或者曲解对方的意思,使其锐气受挫,情绪大乱,从而不自觉地做出一定的妥协。

九、擒贼先擒王，征服关键决策人物才有效

谈判过程中我们经常会遇到很多让自己疑惑不解的事情，比如，本来双方洽谈顺利，气氛活跃，但当谈判中场休息后，对方却以某种理由中止了谈判。之所以出现这种情况，有时是因为和我们谈判的人不是真正的决策者，而决策者在中场休息时推翻了之前的谈判结果，导致谈判局势出现变化。

谈判中，对方的谈判团队虽然有很多人，但真正做决策的关键人物只有一个。谈判如同打仗，不可能出现两个最高指挥官。因此，当我们看到对方谈判成员非常多时，不要在气势上被镇住。我们可以先找到对方的决策人物，先征服他，其他人自然也就跟着妥协了。

假如我们在谈判中一直无法取得实质性的进展，就要反思自己的谈判对象是否有误，对方是否具有真正的决策权。我们要与对方的决策人物展开谈判，只有这样双方达成共识后才能马上签订书面协议。

案例 67 谈判代表与对方公司董事长直接谈话，说服董事长而签订协议

王辉鸿是一家合资企业的老总，他准备收购某公司的工厂。经过精心准备，他派经理章龙负责这次收购事宜，届时双方会针对收购的细节进行谈判。

谈判当天，章龙和对方公司的谈判人员相对而坐，开始谈判。随着谈判的深入，章龙说："我们已经对贵公司的机器设备进行了全方面的检查，发现这些设备在使用过程中有可能会出现一些问题。我们希望，如果在两年之内机器出现故障而不能正常使用的话，贵公司要负责赔偿。"

对方的谈判人员紧接着说："这不可以，就算我们的设备有问题，但在办理交接手续后，机器设备就归你们负责，如果出现问题，我们不再承担任何责任。"

章龙和对方的谈判人员卡在这个问题上迟迟达不成共识，只好暂时中止谈判。章龙心里清楚，如果自己的公司在购买这些设备之后出现故障，无异于买了一堆废铜烂铁，毫无用处。因此，坚持这一点是必须的，这也是最基本的条件。

过了几天，双方再一次展开谈判。这一次，当章龙走进谈判的会议室时，他看到了对方公司董事长王元。可能王元认为卖掉自己的工厂必须要由自己亲自把关，所以也加入这次谈判。

谈判开始后，之前已经洽谈过的问题很快达

成了一致意见，只留下最后一个问题：机器设备出现问题后该怎么办？

章龙说："现在只剩下这个问题了，如果我们在使用过程中设备出现故障，贵公司有责任进行补偿。"

王元用坚定的语气回应道："希望你们在交付之前把所有的设备都认真检测一遍，确认没问题后再接收。如果在交付之后设备出现任何问题，我们不会承担任何责任。"

虽然对方的谈判人员比较多，但章龙决定和具有决策权的王元直接对话。

章龙说："王总，之前咱们两家公司之间已经合作了很长时间，而且合作十分愉快。之前您也同我们说过，设备一切正常，不会有任何问题，正是因为这样我们才决定收购您的工厂。您也知道，我们在收购您的设备之后，如果这些设备不能保证两年的正常运行，我们会承担很大的损失，所以我们希望能够保证两年的正常运转期。如果两年之内设备出现问题，希望贵公司能够适当地补偿。"

王元听了章龙的话之后，最终做出决定："这样吧，从交付之日起，我们可以保证一年期内的机器正常运转，如果出现问题我们会进行一定的补偿。"

章龙看到对方做出了让步，说："本来我们想获得两年期的保障，但您既然做出了让步，我们也退一步，那就一年之内吧！"

就这样，双方谈判的最后一个问题得到了圆满的解决，章龙顺利地和对方签署了收购协议。

在这个案例中，双方就设备保障问题出现了分歧，迟迟不能达成一致意见，最后此问题顺利地解决，关键在于章龙成功地说服了对方公司的决策人物王元。如果在这次谈判中，王元没有到场或者章龙不与王元进行沟通，那么王元公司一方肯定会坚持原来的观点，这样可能导致谈判破裂。

所以，谈判中的决策人物非常重要，只要将其搞定，别人自然不在话下。当然，要想说服决策人物，不仅要具备一定的谈判技巧，还要了解决策人物。

每个人都有不同的性格和特点，谈判中的决策人物也一样，要想征服他们，首先要对其个性有足够的了解，然后根据其需求投其所好，才能有效地打动对方。

1. 犹豫不决的决策人物

首先要找到对方犹豫的原因，为其提供多种解决方案并一一做出评估，让对方看到评估结果，了解到双方的利益点和长远发展的前景，只要对方看出我们的诚意，一般情况下都能下定决心。

2. 爽快型的决策人物

这类决策者有很多想法，且容易被这些想法左右。要想征服这类决策人物，一定要紧紧地盯住对方，不给其太多的考虑时间，要让对方明白合作给其带来的利益，沟通到位后对方会很快做出决定。

3. 悲观型的决策人物

这类决策人物总是把事情往坏处想，总是想到失败，并很早就设想失败后的解决措施，于是经常处于焦虑中。要想征服这类决策者，我们要引导对方的判断，替对方分析出最坏的结果及预防的方案，让其心中有底，对方才会拿定主意与我们合作。

4. 骄傲自大型决策人物

这类决策人物认为自己的能力非同小可，往往看不起别人，要想征服这类人，我们首先要谦虚，多向其请教，赞美其能力和专业度，把对方推到一定的高度，然后有针对性地说服，这时对方的心情很愉悦，自然容易做出让步。

总之，谈判中，关键是要找到做决策的关键人物，然后针对这个关键人物实施不同的心理策略，不要在没有决策权的人身上浪费过多的时间。

> **谈判技巧**
>
> 不要和没有决策权的谈判者多费口舌，因为说得再多也无济于事。要找到对方做决策的关键人物，了解其个性特点，有针对性地对其进行说服，一旦说服成功，也就意味着谈判获得了成功。

第十一章

把握进退玄机，在协商中让天平倾向自己

如果把谈判比作一架天平，那么谈判的过程就是在向自己一方添加筹码的过程。我们不可能持续不断地添加筹码，那样最后可能使天平失衡，导致谈判破裂。要想使谈判顺利进行，就要掌握添加和撤去筹码的时机和节奏，在协商中把握进退的玄机，最终让天平向自己倾斜。

一、报价不能一锤定音，第一次报价永远不是最终结果

价值几乎是所有商务谈判的核心内容，因为其表现形式——价格是双方核心利益的体现。谈判双方利益上的得失基本上可以通过价格的提高或降低得到体现。因此，谈判高手在这方面会非常谨慎，不会轻易地接受谈判对手提出的条件，尤其是开局阶段对方的第一次报价。

对谈判者来说，第一次报价往往只是一次试探，一来试探对方的利润空间，二来表明自己的谈判立场。有时会出现这样的情况：谈判者本来只是试探一下，没想到对方真的同意了，令其十分意外。试探性的价格一般是有很大回旋余地的，所以接受对方的第一次报价可能会让自己得不偿失。

不过对于身处谈判场的人来说，直接拒绝第一次报价也并非易事。如果和对方在各种条款上洽谈了很久，最后开始洽谈价格。有时为了促成谈判，一方有可能会迫不及待地接受对方提出的报价。

如果我们是卖方，若第一次报价过低，对方还会想办法压低价格，甚至可能对我们产生怀疑，重新评估我们产品的可信度和价值。因此，不论是买方还是卖方，最好都不要立刻接受对方的第一次报价。

比如，我们打算购买一辆二手车，在二手车市场上相中了一辆标价50000元的轿车，决定买下这辆车，并和车主交涉。如果车主死守着50000元的售价不松口，我们可能会产生放弃购车的念头。而这时车主忽然松口答应降价，以45000元的价格卖给我们，这时我们多半会高兴地接受车主的让价，以45000元的价格买下这辆二手车；如果我们刚提出以45000元购买这辆车，而车主立刻就答应了，这时我们可能会心生疑问，是不是自己的报价过高，对方这么痛快肯定赚了不少。

因此，精明的谈判者不会立刻接受对方的条件，他们总是很小心，因为他们知道如果自己毫不犹豫地接受对方的条件，对方很可能会立刻感到后悔。要让双方都觉得自己获得了胜利，这才有利于之后的合作。要记住，谈判时的报价不能一锤定音，第一次报价永远不是最终结果。

> **谈判技巧**
>
> 第一次报价很可能只是试探，所以我们不要过早地接受。对买方来说，过早地接受报价可能让自己多花钱；对卖方来说，过早地接受报价则容易使买方对自己产生不信任。谈判是双方的拉锯战，一定要沉得住气。

二、让对方先报价，提早获知对方的心理预期

谈判过程中，一旦到达报价阶段，谈判高手都会想方设法诱使对手先报价。因为如果自己能够提前得到对手的报价信息，就可以在随后的谈判中掌握极大的主动权。

下面先看一个生活中经常发生的情景。

一位打算租房的房客在房屋出租广告上看到一套中意的房子，但广告上标出的租金是每个月3500元，他觉得这个价格有些高，自己最多接受一个月3200元的房租。因此，这位房客找到房东，与其当面交涉。

房客一见到房东，就说："你这套房的租金有些贵，如果是3200元的话我就直接租下来。"

令他感到意外的是房东马上就同意了。搬进来没几天，这个房客和周围的邻居聊天时才知道，别人都是用3000元的价格就租到了同样的房子。

如果这位房客让房东先出价，就可能是另外一种结果。

房客对房东说："你在广告上标价太高了，你再重新出个价吧！"

房东的心理预期价格是3000元，这时又往上加了一些，说："3400元吧，这是最低价格了。"

房客看到房东这么好说话，认为肯定还有降价的空间，于是向房东说："可这价格还是有些贵，2800元吧！"

房客此时提出的房价明显低于房东的心理预期价格，急忙说道："2800元实在太低了，最低不能少于3000元。"

就这样，房客用比广告上标价低得多的价格租到了自己中意的房子，而房东也不会失落，因为这本身就符合他的心理预期。

先报价存在许多不利之处，比如它会泄露信息，让对手听完我们的报价后调整自己的报价，从而获得本来得不到的好处。而且对手会在谈判过程中集中力量对我们发起进攻，逼迫我们降价，同时还不会泄露他们自己的报价。

其实是否先报价取决于我们所掌握的信息，假如我们没有充分掌握对方的信息，就会处于一个非常不利的谈判地位，先报价可能会泄露很多秘密，不适合主动进攻；相反，假如我们掌握的信息比对方多，比如已经清楚谈判对手的底价，那么首先行动就具有战略优势。

不过，多数情况下我们不太可能知道对方的底价，这会导致我们过高地估计对手的实力。因此，我们首先报价时也不敢太苛刻，要求自然就放低了，这样一来首先开出的价码很有可能落在争价区域外，这样就得不偿失了。

第十一章
把握进退玄机，在协商中让天平倾向自己

> **谈判技巧**
>
> 谈判时，我们要想首先报价，必须提前了解对方的信息，尤其是对方的底价，但多数情况下我们并不知道这个底价，所以要让对方先报价，了解对方的心理预期，然后根据对方的价格调整自己的报价，从而在维持自己预期价格的前提下提高报价，最终使自己获益。

三、掌握让步幅度，让步过快只会让自己陷入被动

谈判过程中，我们要掌握好让步的幅度，让步时机也要选择得当，并且要做得体面、大方，不要给对方留下我们急于达成协议的印象。如果要做出重大让步，应选择谈判接近尾声的时候，并且要直接引向最后的协议。切不可过多、过快地让步，这样对方既不会感激我们，而且我们也有可能让自己陷于被动。

案例 68　经销商让步时无意间泄露底价，制造商抓住有利时机成交

一位经销商向某制造商购买一批货物，首先报价为每千克 40 元，制造商不同意，开口便要价每千克 50 元。

经销商一听就急了，急忙摆手说："不行，不行，我们怎么可能出 45 元以上的价格呢？"

制造商立即说道："那好，咱们就以每千克 45 元的价格成交吧！"

经销商目瞪口呆，只好同意按照每千克 45 元的价格成交。

在这个案例中，经销商就是因为无意中的一句话失去了讨价还价的机会。可见，让步也要讲究策略。

让步的幅度直接关系到最后的谈判结果，因此需要认真考虑。比如，两家电脑公司都要运送一批电脑零件，他们需要和各自的委托人商谈运费单价。第一家公司做出三次让步，每次都让步 4 元，总共让了 12 元；第二家公司做出四次让步，分别让步 4 元、3 元、2 元、1 元，总共让了 10 元。最后他们都对委托人说这是最低价，不能再让步了。可是比较起来，第二家公司的让步更容易使人相信，因为其让步越来越小，说明让价空间逐渐减小，很有可能已经到达极限。而第一家公司就不一样了，尽管其做出的让步要比第二家公司的大，但因为每次让步都是一样的，所以委托人就不太容易相信他们已经到了底价。

155

在让步幅度的把握上，我们应该注意哪些问题呢？

1. 不能一开始就做出重大让步

如果一开始就做出重大让步，我们可能很快就会让自己陷于被动。比如，先降价600元，然后降价400元，这个时候告诉对方不可能再降价了，已经是底线了，对方会相信吗？一般不会。对方会说："如果再降100元，咱们就成交。"这时再次强调说这已经是我们的底线了，不能再降价了，对方会说："你400元都降了，难道再降100元都不行吗？"因此，不能在谈判一开始就做出重大让步。

2. 不要按平均幅度降价

如果我们是买方，遇到对方做出四次让步，每次都降价250元，会怎么想呢？因为不知道对方一共能让多少，只知道自己每次都能得到250元的让步，就会不断地与对方讲价。因此，谈判时尽量不要按照平均幅度降价。

3. 不能加大让步幅度

如果我们先让100元，再让200元，再让300元，最后让400元，不断地加大让价的幅度，这种做法只能让对方的胃口越来越大，他们会期待我们继续做出更大的让步，因为他们知道我们的每次让步都会让其得到的越来越多。

谈判中，让步应该遵循步步为营的原则，做到让而不乱，且让步幅度越来越小，这样既能给对方一定的优惠，表现我们的诚意，使对方获得心理满足感，同时也能使对方知道让步的不易，使其明白让步已经接近极限，这样才能避免对方贪得无厌，得寸进尺。

案例69 机械进出口公司谈判代表理性让步，以合理价格购得先进设备

某机械进出口公司计划进口一台设备，经过多方面的比较之后，从众多报价单中选择了拥有先进设备和技术的某个外商，并向其发出邀请，准备与其进一步洽谈。

洽谈过程中，双方的谈判焦点集中在价格上。机械进出口公司一开始出价11万欧元，而外商报价19万欧元，这与其报价单上的价格一模一样。经过第一轮谈判的相互试探，机械进出口公司方面预计可能成交的价位应该在14万~16万欧元之间。

为了更好地应对接下来的谈判，该公司的几位谈判代表就还价的节奏和让步的幅度展开了激烈的讨论，主要有以下三种意见。

第十一章　把握进退玄机，在协商中让天平倾向自己

第一种意见：由于双方报价相差太多，要想速战速决，取得一致，双方最好能相互让步，因此可以直接提出14万欧元的公正价格，这一价格可以兼顾双方的利益。

第二种意见：第一种意见不太好，让步过大、过快，不要说14万欧元，就是报价12万欧元也是让步比较大的，因此应该向外商表示愿意让步，但不会超过5000欧元。

第三种意见：前两种意见都不妥当，让步幅度过大，对方会认为我们对自己的报价没有信心；让步幅度过小，对方会认为我们没有合作诚意。因此，合理的让步应该是从12万欧元增加到13万欧元，然后逐步减少让步的幅度，到最后最多增加到14万欧元，这样在报价与实际成交价格非常接近的时候，就非常有可能达成协议。

当双方再次坐下来谈判时，机械进出口公司的谈判代表采取第三种方式与外商交涉，而外商也由第一轮谈判后的18万欧元向下降价，进行了3个回合的讨价还价，结果以14万欧元达成了最后的成交协议。

谈判中，哪一方先做出大幅度的让步，哪一方失败的可能性就越大。不管我们的价格或条件多么合理，一旦仓促做出让步，对方就会增强谈判信心，逐渐占据上风。这样一来，在接下来的谈判中我们很难有翻身的余地。

> **谈判技巧**
>
> 谈判时，让步的幅度体现了谈判者的心态。假如我们流露出急于成交的想法，对方就会逐渐占有主动权。因此，一定要掌握好让步的幅度，不能让步过快，以免自己被动。

四、别轻易做出让步，每一次让步都要见到回报

有人认为让步只是为了使谈判变得更加简单，这只是一厢情愿的想法。事实上，如果我们在没有任何要求的前提下做出让步，对方反而有恃无恐，得寸进尺，迫使我们做出更大的让步。

有些人认为，谈判出现僵局，总要有人先做出让步，不然谈判如何进行下去？这种想法固然不错，但为什么一定要由我们先做出让步呢？我们认为让步是在表示诚意，但对方可不一定会这么想。他们不会被这种诚意感动，而会认为我们软弱可欺，之后的谈判态度可能会越来越强硬，变本加厉地迫使我们再次做出让步。

案例 70　客户三番五次提出更多要求，培训机构老总为此愁闷不已

刘志开了一家培训机构，主要为企业提供培训服务。有一天，企业客户王先生打电话说："刘总，我们下个月的培训再多派几位讲师过来吧！"

刘志查了一下讲师的工作日程表，发现有的讲师有空闲时间，便回答道："好的，没问题。"

几天后，王先生又打电话说："刘总，上次你们课程上提供的小礼品有点儿少，这次能不能增加一些？"

刘志觉得小礼品的成本也不是太高，就回应道："可以，没问题。"

几天后，王先生又打电话说："刘总，我们的培训地点可不可以安排在离公司近一点儿的××酒店？"

……

刘志为此愁闷不已，因为再答应客户这样的要求，自己的利润眼看就要没了。

或许有人经历过这样的事情：好不容易开发了一个非常重要的客户，对方虽然有很强的购买意向，但一直认为产品价格太高。我们当然不希望来之不易的客户就这样白白流失，无奈之下做出了价格让步，但也要求下次订货时对方一定要按标准价格执行，对方也满口答应。可等到他们再次订货时，对方不但不认可标准价格，还要求我们给予更大的折扣，不然就与其他供应商合作。要想防止这类事情的发生，当对方要求我们做出让步时，我们应该索要一些回报，否则绝对不要让步。

是否做出让步的关键要看值不值得，让步就要有相应的价值回报。很多时候，当我们要求对方做出回报时，对方就会觉得这个让步更有价值。

案例 71　谈判代表让步前索要回报，成功签订一个平等的合同

某家大型超市即将开业，得知这一消息后，众多供应商纷纷前来寻求合作。刘云代表一家弱势品牌和这家超市的代表展开了谈判。由于超市的规模庞大，知名度高，对方便倚仗着自己的优势提出了各种苛刻的条件，尤其是他们不能履行正常的货款账期，这让刘云十分为难，但他始终坚持自己的立场，因为他知道这个时候做出让步得不到任何价值回报。

于是，双方谈判出现僵局，合作的事情也就搁置下来。

有一天，超市采购经理主动联系刘云，希望他能免费提供一台用于现场演示的设备，用来吸引更多的消费者。刘云所在公司的仓库里正好有一套这样的设备，他感觉机会终于来了。

第十一章
把握进退玄机，在协商中让天平倾向自己

不过，刘云并没有当即同意采购经理的要求，而说道："王经理，我现在手头有点儿事情，一会儿我回到公司就为您办理这件事情，争取尽快给您答复。但您能不能给我们一个正常的货款账期呢？"

因为有求于刘云，这位超市采购经理思索片刻后回答道："好吧！"就这样，刘云终于与对方签订了一份平等的合同。

要想提高让步的价值，我们需要注意以下几点。

1. 提前做好功课，拟出交换条件

谈判前我们就要想好客户可能提出的条件，然后列出自己可以作为交换的备选条件。比如，对方可能会要求我们多加一些花色，我们就可以要求对方增加预付款项。事先做好功课，谈判时遇到类似的问题我们就可以从容应对。

2. 制造让步情绪，伺机"讨价还价"

如果我们没有设想到对方提出的要求，又该怎么办呢？这时既不能断然拒绝，也不能果断答应，我们必须为自己争取一个寻求决策的过程与时间。因此，我们不妨刻意地制造出让步的可能性，让对方对我们的让步产生期待，直到对方迫不及待合作时，我们再表示答应让步，同时提出交换条件。由于这时对方对合作的期待度已经达到了顶点，再加上互惠互利的心理作用，对方可能也会做出一定的让步，最终达到皆大欢喜的局面。

3. 拿捏好交换条件价值和让步价值

在让步时，我们要拿捏好交换条件的价值和让步价值，交换条件的价值一定不能大于让步价值，否则无异于变相拒绝，这会让对方觉得我们在为难他们，没有合作的诚意。

4. 不要放低姿态，一味让步

不能因为急于求成而放低姿态，否则我们只会在一次次没有价值回报的让步中使自己陷入困境。

双方出现在谈判桌上时，谈判者肩负的是为企业谋利的责任，一举一动都关系到企业的利益，谈判时任何一个轻易的让步都会让企业减少利润甚至出现亏损。因此，只要对方向我们提出让步的要求，我们就一定要索取回报。

> **谈判技巧**
>
> 当谈判出现僵局，要想谈判继续下去，必然要有一方先行让步，但这并不意味着要做出毫无底线的让步。让步可以，但一定要向对方索取回报，以免对方得寸进尺。

五、让步一次性到位，让对方迫切抓住成交的机会

一般来说，谈判不会出现一次性让步到位的情况。不过也有例外，如果双方一直坚持己方立场，不肯做出任何让步，直到谈判后期双方都没有放弃的意思，这时为了顺利地达成一致意见，某一方可能会一次性做出最大化的让步，而对方不会再得寸进尺。这种让步方式只发生在坚持己见的双方，如果其中有一方性格软弱，可能早就放弃讨价还价而妥协了。

这种一次性到位的让步策略重在表现谈判态度上的强硬，向对方传递自己的坚定信念。如果谈判对手一直不松口，我们可以在最后阶段做出最大化的让步，并声明不会再做出任何让步，对方为了保住双方之间的合作，会同意签署协议。

案例 72　工艺品公司与经销商谈判结束前做出让步，最终达成合作

张志德是某工艺品公司的谈判代表，这次他要和某经销商就工艺品买卖事宜进行谈判。工艺品公司是供货方，张志德坚持每件80元，态度十分坚决，而经销商的出价只有50元，态度也很坚决。谈判持续了整整两天，还是没有任何进展。

经销商提出暂停谈判，两天之后再继续谈，假如仍然无法取得一致意见，谈判只好中止。

两天之后谈判继续，双方商定最后一次谈判只用3个小时，如果一直僵持下去，谈得再多也是在浪费时间。两个多小时后，谈判依然毫无进展，就在还剩下最后10分钟的时候，张志德突然大声说道："这样吧，咱们是初次合作，都不愿意看到合作失败、不欢而散的情况，为了表示我们公司的诚意，我们主动降价15元，这是我们最大的让步。"

经销商听了之后大吃一惊，思考片刻后说道："成交！"

这个案例中的工艺品公司谈判代表在不断坚持之后最后做出一步到位的让步，既保证谈判的顺利结束，又赢得了对方的信任。

不过，这种谈判方式存在两个问题：一是谈判对手在我们最后让步前就已经离开谈判桌；二是最后的让步幅度太大，很容易让不识趣的人得寸进尺，还会不断地纠缠下去。

因此，要想运用一次性让步策略，首先要研究对方的性格是否适合这种策略。这种让步策略适用于忍耐力较强的谈判对

手,因为他们会在漫长的拉锯战过程中一直等待我们的松口。

> **谈判技巧**
>
> 这种一次性让步策略不太适合那些耐心较差的人,他们可能在遭遇几次拒绝之后,就已经气愤地离开谈判桌,如此一来,谈判自然会以失败而告终。

六、识别"苦肉计",别被自己的同情心套牢

"周瑜打黄盖———一个愿打一个愿挨",说的就是苦肉计。一般来说,人不会伤害自己,如果受到某种伤害,一定事出有因。苦肉计正是利用人们的这一常识,自己伤害自己,从而蒙骗他人,达到预先设计好的目的。

苦肉计不仅运用于战争中,社会生活中也不乏实例。比如,海尔集团的张瑞敏曾对全厂冰箱进行检查,发现76台冰箱有一些瑕疵,虽然只是外观存在划痕,不会影响冰箱的制冷功能,但时任厂长的张瑞敏决定将这些冰箱当众砸毁,并发出口号:"有缺陷的产品就是不合格产品。"当时社会正处于商品短缺的经济时代,他的这一举动引起了极大的社会反响。其实按照现在的商业推广策略来讲,这是一次非常完美的产品推广公关案例。

价格谈判中,苦肉计可以用来压低对方的报价。比如,购买二手房时,当卖家报价之后,买家先假装答应。因为买家要详细了解房屋的状况,之后还需要再看一次房,这时买家就可以请人扮演"周瑜",而自己扮演"黄盖"。"周瑜"提出房屋存在的问题,当着卖家的面严厉地斥责买家,说他绝对买亏了,而买家装成很尴尬的样子,使自己获得卖家的一些同情,这时再提出的议价要求就会容易地被卖家接受。

不过,要想成功使用苦肉计,"周瑜"与"黄盖"的角色表演必须真实,不能让谈判对手产生怀疑。当对方产生同理心或同情心后,一般会同意做出让步。

案例73 家具城老板与老板娘上演苦肉计,顾客出于同情不再砍价

刘珊去某家具城购买一套家具,刚开始接待她的是店里的老板娘。刘珊看中一款沙发,发现标牌价格是6000元,她觉得这个价格有些贵,便对老板娘说:"6000元也太贵了吧,这套沙发顶多4000元。"

老板娘说:"如果您喜欢的话,可以打8折,4800元,不能再低了。"此时,两

制造强势心理势差的谈判技巧

个人在价格上展开了拉锯战,刘珊坚持4000元,而老板娘坚持4800元,双方互不相让。

这时,老板从外边进来,问老板娘说的价钱是多少,老板娘刚说出4800元,老板大吃一惊,对着老板娘就是劈头盖脸地一顿奚落:"你有没有搞错啊!这套家具进货价格就是4000元,怎么可能只卖4800元?店铺租金、水电费用难道是大风刮来的?这些费用算在里边就已经不赚钱了,还要负责运货,照你这么做,不如直接关门算了!"

老板说话声音越来越高,满脸怒气,而老板娘大气不敢出,刘珊在旁边也看得心惊肉跳。

这时,老板回到里边的办公室接电话去了。刘珊叹了一口气,对老板娘说道:"这样吧,也不让你为难了,4800元就4800元吧,我不讲价了。"

于是,老板娘的苦肉计生效了。

在这个案例中,老板和老板娘上演了一出苦肉计,让顾客对老板娘产生了同情心,于是顾客不再讨价还价,直接接受了老板娘所出的价格。

在销售或者谈判过程中,经常会听到下面这样的话:

"王先生,实在对不起,昨天老板说不同意贵公司的报价,还把我骂了一顿。"

"李经理,当我把您的报价交给领导时,领导骂我是饭桶,说我不该接受这么高的价格。"

"王老板,这批货真的没办法按照您说的价格来卖,因为公司上个月亏损严重,还裁了好多人,我差点儿就被裁了,所以说这价格真的不能再降了。"

苦肉计的表演不一定要"周瑜"和"黄盖"都到场,可以由"黄盖"通过言语、表情或者肢体语言表达出来,只要能让对方相信即可。

谈判对手也有可能对我们使用苦肉计,为了不上当,我们应该如何识别并应对对方的苦肉计呢?

1. 采用高层权威策略

在谈判中我们要做到耳听为虚,因为我们不知道对方的真实目的,因而无法辨别对方所说是真是假。如果对方说"对不起,价格真的不能再降了,不然老板会惩罚我",我们同样可以采用高层权威策略,看看对方是什么反应,分析对方所说是否为真话。

2. 试探对方

对谈判对手表示同情,同时表示自己的无能为力,给对方一个台阶下。比如,我们可以这样说:"李先生,我非常同情您现在的处境,但我现在情况也不怎么好,您看能不能再与领导协商一下,可不要因为这件事让咱们的合作关系破裂啊!"如果对方应承下来,表明对方使用的正是苦肉计。

当我们对谈判对手说:"李先生,这样吧,我直接与您领导见上一面,我把这件事情重新说一遍,这样领导一定不会误会您的。"如果对方表示拒绝,也表明他在使用苦肉计。

> **谈判技巧**
>
> 当谈判出现僵局时,谈判对手可能会利用苦肉计来激发我们的同情心,从而使我们放松警惕,甚至主动让步。其实我们有办法识别苦肉计,通过运用高层权威策略或者试探对方的方式,我们就可能识破对方的苦肉计。

七、妙用最后通牒,不给对方扭转局面的机会

最后通牒是没有谈判余地的最后要求。当谈判双方在某些问题上陷入僵局时,比较强势的一方可能会向弱势的一方提出最后的交易条件,除非对方接受该条件,否则强势的一方就会退出谈判。因此,最后通牒是强势一方迫使对方做出让步的策略。

客观而言,使用最后通牒策略存在很大的风险,假如谈判对手没有十分强烈的成交意向,最后通牒极有可能直接导致谈判破裂。因此,使用这种策略时要非常谨慎,一旦使用不当,它就会成为砸自己脚的那块石头。

案例74 沃尔玛向可口可乐发出最后通牒,改善了分店的配送流程

2006年6月9日,美国沃尔玛公司发出一则通知,要求可口可乐公司将运动饮料先送到沃尔玛的配送中心,然后由配送中心向沃尔玛各家分店送货。如果可口可乐公司答应这一条件,沃尔玛会将运动饮料的订单增加一倍,否则沃尔玛就要销售自己生产的运动饮料。

这则通知其实就是沃尔玛对可口可乐公司的最后通牒。沃尔玛之所以敢这样做,是因为沃尔玛作为全球最大的一家世界性连锁企业,在谈判中处于强势地位。沃尔玛发现可口可乐的配送流程使自己分店的货源捉襟见肘,而且可口可乐公司在产品推介上花费时间过长,这些是沃尔玛发出最后通牒的原因。为了增大可口可乐公司接受该条件的可能性,沃尔玛提出了增加订单的条件。

而对可口可乐公司来说,改变配送方式与失去沃尔玛这一巨大经销商相比,前者的成本要小得多。况且沃尔玛提出的要求并不过分,完全符合可口可乐公

司的目标，所以在沃尔玛发出最后通牒后，可口可乐公司并没有对抗和反击，而是接受沃尔玛的要求，迅速改变了自己的配送方式。

最后通牒是非常规做法，使用者必须以强硬的姿态示人。最后通牒策略是一把双刃剑，最后结果可能失败，也可能成功。若成功，便能有效促使对方做出让步，使自己获取利益；若失败，不仅与对方的关系恶化，还会丧失继续谈判的机会。因此，我们一定要慎重使用这一策略。

使用最后通牒策略时，我们需要注意以下几个方面。

给对方时间考虑
言辞不能带有威胁性
做好行动的准备
约定时间要具体
让对方的付出最大化

最后通牒

1. 约定时间要具体

最后通牒一定要有截止日期，约定的时间要具体，如"明天上午10点"或"明天下午3点"等，不要约定"明天上午"或"明天下午"等不明确的时间。时间越具体，对方就越没有心存侥幸的余地。

2. 言辞不能带有威胁性

最后通牒本身就具有一定的威胁性，所以言辞上就不要再带有威胁性，言辞要委婉，既能达到谈判目的，也不会刺激对方，以免使其产生逆反心理，直接退出谈判。

3. 给对方时间考虑

不要急于让对方回复，要给对方留有一定的考虑时间。我们需要的是对方的妥协，而做出妥协显然很困难，需要仔细考虑，所以要给对方留出斟酌轻重的时间，这样会减少对方的敌意。

4. 做好行动的准备

一旦最后通牒的时间期限到来，就要付诸行动，毕竟最后通牒不是虚张声势。要在对方考虑期间做好行动的准备，给对方施加压力，否则对方发现我们只是故弄玄虚，最后通牒也就毫无意义。

5. 让对方的付出最大化

要想使最后通牒获得良好的效果，要在发出最后通牒之前让对方在我们身上做

第十一章
把握进退玄机，在协商中让天平倾向自己

些"投资"。比如，可以先在次要问题上和对方达成协议，消耗其时间和精力，等对方的"投资"达到一定程度时，我们再发出最后通牒，使其无法抽身。如果谈判对手只付出了很少的时间和精力，那么其仍有余力"反扑"，这对我方显然是十分不利的。

> **谈判技巧**
>
> 如果我们在谈判时具有绝对优势，当谈判出现僵局时，我们不妨使用最后通牒策略，以强硬的姿态迫使对方做出让步，从而达成协议。不过在运用这一策略前我们要摸清对方是否有强烈的合作意愿，否则就是搬起石头砸自己的脚。

八、准备多种替代方案，别一条路走到黑

谈判时我们希望如预期所料地达成谈判协议，实现利益最大化。但由于谈判双方利益存在分歧，我们的预期谈判目标可能实现不了，所以谈判前要准备好替代方案。

实际上，在制订谈判计划时，我们就应该认真考虑这个问题：如果设想的谈判协议无法达成，我们可不可以后退一步，签订一个不算完美的协议？如果可以，这个协议要具备哪些条件才能满足自身基本利益？

提前明确替代方案，也是保证实现自身利益最大化的方式。要想制订出最佳的替代方案，我们需要考虑到以下几种情况。

1. 做好遇到强硬对手的心理准备

作为谈判者，很可能在谈判过程中遇到比较强硬的对手，因此谈判前我们要做好充分的精神准备。强硬的对手一般都会以气势压人，会用具有威慑力的姿态先发制人，使谈判形势出现一边倒的局面，如果我们不提前做好这样的心理准备，很有可能顶不住压力而妥协让步。

2. 做好"打持久战"的心理准备

在商务谈判中，经常会出现马拉松式的谈判，双方迟迟不能成交，又不能轻言放弃。这样的谈判非常考验双方的耐力，很多谈判者遇到马拉松式的谈判时会十分焦躁。为了避免产生这种负面情绪，我们要在谈判前就做好与对方"打持久战"的心理准备，制订方案时多方考虑可能遇到的困难，拉长预期的谈判时间，对谈判的艰巨性有充分的精神准备。

3. 做好谈判破裂的心理准备

每一位谈判者都希望谈判能够顺利进行，双方最终达成协议，但实际结果并非如预期所想。谈判双方存在利益上的分歧以及其他各种复杂的因素，可能导致谈判无法满足双方最低限度的条件，从而造成谈判破裂。这固然不是谈判双方希望看到的结果，但也不必过于沮丧。

事事都要有备才能无患，谈判前我们多准备几种方案，才能最大限度地保护自己的利益。表面上看可能是妥协退让，实际上却是通过变通的方式达到自己的谈判目的。

> **谈判技巧**
>
> 谈判之前准备得再充分也不能保证谈判就一定成功，因此我们要提前制订好替代方案。在制订方案时，我们要考虑对方的实力、谈判的长久性和谈判破裂的可能性。在谈判的路上不能不知变通地一条路走到黑，多做几手准备会增大成功的可能性。

九、主动示弱，用感情打动强势的对方

尽管以理服人是说服的基本方法，但有时只有理并不一定能够"服"人，还要辅之以"情"，以情感来拉近与谈判对手的心理距离，情感相通则理性相容。尤其当我们在谈判中处于弱势地位时，如果没有与对方谈判的筹码，这时不妨主动示弱，以情感来打动对方，从而实现谈判目标。

人们总是同情和怜悯弱者，一般不会落井下石，而且也都有在竞争中忽视弱者的潜意识。因此，如果我们不想让步，而此时谈判又没有进展，不妨主动示弱，显示自己弱于对方的一面，如果我们的说法让对方觉得可信，就可以消除对方的戒备心理，此时提出一些要求就容易促使对方做出让步，达到我们的谈判目的。

案例 75 松下幸之助渲染工人劳作辛苦，使客户产生同情心后爽快购买

松下电器公司在初期是一家乡下小工厂，其老板松下幸之助总是亲自推销产品。一旦遇到擅长砍价的客户，松下幸之助就会这样说："现在我们工厂还很小，工人们在酷热的夏季工作，面前是炽热的铁板，大家汗流浃背，努力工作，费了九牛二虎

第十一章
把握进退玄机，在协商中让天平倾向自己

之力打磨出了产品，按照正常利润的计算方法，应该是每件××日元……"

在松下幸之助说这些话的时候，进货商一直盯着他的脸，等他说完以后就笑着说道："你这人真厉害，别人讨价还价时说的理由总是那么几个套路，但你说得很不一样，句句都在情理之中。这样吧，我就按照你说的价格买下来吧！"

松下幸之助之所以能够成功，首先是他拥有真诚的态度，他向客户说明自己制订的价格赚取的是正常利润，不会贪图非分之财，当然，也暗示对方不能讨价还价。由于他的话语中充满了情感，把工人劳作的艰辛和创业的艰难用朴素的语言形象、生动地描述出来，唤起了对方的同情心。正如进货商所说"句句都在情理之中"，自然易于使人接受。

谈判时，要想引起对方的同情，我们可以将自己面对的困难合情合理地阐述出来，渲染自己体验到的遗憾和痛苦，激发对方的同情心，使其在帮助我们之后产生一种正义感和自豪感。

> **谈判技巧**
>
> 如果我们在谈判中处于弱势地位，就不要打肿脸充胖子，而是主动示弱，情理结合，将对方的同情心激发出来，使其乐意对我们实施帮助，并为此感到自豪，这样我们就能越来越接近自己的谈判目标。

第十二章

做好生活中的谈判官，谈判才能水到渠成

生活中存在很多交流不畅的现象，导致双方产生分歧，进而争吵，甚至产生难以想象的后果。有时我们想达到某个目的，也会因为沟通不畅而泡汤。其实，只要我们能够合理地说服他人，让双方都能以愉快的心情达成一致，这样的生活才是幸福的。

第十二章
做好生活中的谈判官，谈判才能水到渠成

一、讨价还价：言语之间，就可以省下一笔钱

讨价还价素来是价格谈判的核心，这一点在日常购物中更为明显。既然是讨价还价，作为买家的我们必须面对一个问题：怎样出价才能占据心理优势？

我们首先要明白卖家的心理，既然是卖东西，卖家肯定是以赚取利润为最终目标，其诉求是卖出最高的价格，而我们想以最低的价格成交。谈判时我们要综合考虑各种因素，精准地把握卖家心理，运用适当的出价策略为自己获取最大利益。

比较实用的出价策略有低价策略、假价策略和最后出价策略。

1. 低价策略

低价策略就是给商品出一个非常低的价格，然后根据卖家的要求渐渐提价，直到双方都满意为止。这样做可以最大限度地防止自己高价购物。当然，这种出价方式也有其弊端，一旦出价太低，低于卖家的成本，对方就会认为我们没有诚意，拒绝售卖商品。因此，采用低价策略之前我们一定要进行调查，明确价格的合理区间。

2. 假价策略

为了先稳住卖家，我们可以故意先出高价，等双方快要达成协议的时候突然降低价格，这时卖家已经投入了时间成本和精力成本，为了不浪费之前投入的这些成本，有可能接受我们给出的新价格。

案例 76　买家出高价向卖家购车，但成交时价格居然低于卖家心理价位

刘成有一辆大货车，最近他手头有些紧张，所以他打算卖掉货车贴补家用。他在同城社区刊登了售车广告，几天之后，几个买家按照预定时间分别与他洽谈。刘成的心理价位是 80000 元，但这几个买家都只愿意出 75000 元左右，他都不乐意接受。

不过，最后一名买家出价 85000 元，并预付了 12000 元的定金。之后，刘成撤下了广告，等着这个买家上门取车。

不料，一周之后，当买家取车时说道："实在抱歉，我的合作伙伴和我产生了分歧，他不同意我出这么高的价格买车，不愿意出钱，可我自己就剩 60000

元了,实在是出不到 85000 元的价格了,您看能否降降价?我是真心诚意想要买的,怎奈钱真是不够了。"

刘成感到非常意外,也有些生气,但他已经拒绝了其他买家,如果再拒绝这个买家,重新投放广告寻找买家,那就更麻烦了,不仅浪费时间和精力,还要再花广告费,只好心不甘情不愿地答应了买家,最后这个买家以 72000 元的价格买走了这辆大货车。

3. 最后出价策略

最后出价就是价格不再有变动,要么卖家接受价格,要么买家不再购买。这种出价方式就是让卖家知道已经没有回旋的余地,如果想要把这单生意做成,只能选择接受买家的价格。当然,使用这一策略时态度千万不要过于强硬,最好先说明自己的困难,以取得对方的谅解。

案例 77　顾客看中西服要求商家打七折,营业员最终让步成交

王海翔打算买一套全毛西装,但在各大商场都没有找到自己中意的款式。当他来到商场外不远处的一家专卖店时,终于看到一套颜色和款式自己都很喜欢的西服。王海翔决定把它买下来,他看了一眼标价,5800 元,觉得有些贵。

王海翔对营业员说:"这套西服挺不错,就是价格太高了,现在有什么优惠活动吗?"

营业员回答道:"现在正在打折促销,可以打九五折。"

王海翔说:"才打九五折?还是太贵了,我很想买下来,你再给我便宜些吧!"

营业员说:"看您这么有诚意,就给你九折吧!"

王海翔说:"唉,还是太贵了,一件衣服居然要 5220 元!我在别的店里也看,同样款式的衣服比这便宜多了,就是没看到这种颜色的。总不能换个颜色就高这么多吧!你再给降点儿吧!"

营业员说:"这是品牌西服,物有所值。别人家的西服价格低,可能质量上面就差点。不过,这种颜色的西服确实很少见,看您确实挺喜欢的,那就给您打八五折吧,这是最低价了。"

"可我感觉还是贵,干脆再便宜些,打七折我就买,不行就算了!"

营业员叹了一口气,犹豫了一会儿,最后无可奈何地说道:"好吧,我算是见识了,从没有见过像您这么会砍价的。"

最终,营业员不情愿地把折扣降到了七折,王海翔这才买下这套西服。

总之,为了最大程度地节省成本,获得自己最想要的价格,我们就要学会灵活出价,根据具体情况报出合理价格,说服对方并接受。

第十二章
做好生活中的谈判官，谈判才能水到渠成

> **谈判技巧**
>
> 要想用最低的价格买到自己最中意的商品，我们要了解卖家心理，运用适当的出价策略和卖家讨价还价，说服卖家给我们提供最大的优惠。

二、要求加薪：把握时机，以业绩为底气谈加薪

对上班族来说，工资无疑是最关心的事情之一。经过长时间的认真工作，取得了不错的成绩，向领导请求加薪是合情合理的。不过，很多人都考虑过这些问题：是否应该主动和领导谈加薪的问题？什么时候向领导提出加薪的请求比较合适？万一提出加薪请求之后，领导不仅不给我加薪，还对我产生不好的看法该怎么办？如何开口向领导请求加薪？

在向领导提出加薪请求前，我们要做好充分的准备工作，根据自身情况合理地提出加薪请求。如果我们的请求并不过分，领导一般都不会拒绝。

请求加薪不是乞讨，我们一定要敢于提出这种请求，不然领导可能会疏忽我们在这方面的权益。不过，提出加薪请求是要讲究方式和方法的。

案例78 员工请求加薪失败，找到原因后在第二份工作中成功加薪

张志德毕业后就职于一家食品公司，他格外重视这份工作，一直努力工作，老板对他的工作态度给予肯定，多次表扬他，但一直未提加薪的事情。

一次偶然的机会，张志德发现几名同事的工资是自己的两倍，但这几名同事与自己同时进入公司，而且他们在工作上并未取得比自己更好的业绩，这让张志德心里很不平衡。于是，他找到老板，开门见山地表达了自己的不满，要求老板给自己加薪，否则就立刻辞职。

老板当场拒绝了张志德的加薪要求，这让他失去了工作热情，之后的工作敷衍了事。结果老板在一个月后把他的工作移交给其他员工，而张志德也觉得这份工作做不下去了，于是从公司辞职。

找到第二份工作后，张志德依然很努力，但老板仍然迟迟没有给他加薪。

171

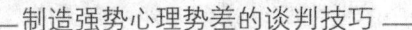

虽然张志德很难受，但他吸取了上次的经验教训，认真总结，发现自己薪资不高的原因可能是因为自己平时表现不够积极，只知道埋头苦干做自己的事，而不知道如何提高工作效率。

从此以后，张志德不仅把自己的本职工作做好，而且做了不少令老板感到惊喜和欣赏的事情。除此之外，他还帮助同事，加班加点。过了一段时间，他递交给老板一份工作报告并提出加薪的请求。老板对他的工作报告十分满意，不仅同意给他加薪，还让他担任部门负责人。

在这个案例中，张志德第一次请求加薪失败，而第二次请求加薪成功，主要原因就在于他找到了第一次自己迟迟不能加薪的根本原因并做出了改善，这让他在第二次加薪时底气十足，让老板十分信服，其加薪请求自然会获得认可。需要注意的是，请求加薪时，不能以辞职来威胁领导，这种方法非常危险，不仅可能达不到加薪的目的，还会让老板对我们失去信任。

其实，当我们的加薪请求得不到对方的回应时，先不要垂头丧气，也不要威胁辞职，不妨当场向领导讨教怎样做才能达到加薪标准。当领导明确地列举出我们有待改进的方面时，我们应该谨记在心，及时做出改进，作为下次请求加薪的筹码。

请求加薪前，我们应该让领导明确地感受到我们的贡献。那么，如何才能让领导知道我们的贡献呢？

（1）经常记录工作内容。在日常工作中要注意记录工作内容，除了年终总结报告及日常工作报告外，还可以将自己对公司的贡献详细地记录下来，做成书面材料。记录工作内容时要注意，工作量的增加不一定就代表着贡献大，只有证明自己在工作时使用了更高效的方式，精简了工作流程，创造了更大的效益，才更有可能获得加薪。

除了本职工作以外，还要记录自己完成的额外任务、所用时间以及相关成果，并说明完成这些任务给单位或组织带来了多少利益。

（2）用具体数字来证明自己的工作绩效。不要使用笼统、模糊的字眼说明自己的贡献，数字能够更清晰地说明我们做出的贡献。比如，将自己谈成的项目记录下来，并写明这些项目给公司带来的利润、缩减的成本等。

能力和业绩是请求加薪的筹码，在向领导请求加薪时，我们一定不能忽视本职工作，不能因为待遇问题得不到解决而消极怠工。这样不但达不到加薪的目的，反而被解雇的风险会显著提高，因为没有领导愿意为一个没有责任心的下属提高薪资水平。

第十二章
做好生活中的谈判官，谈判才能水到渠成

> **谈判技巧**
>
> 要想领导接受我们的加薪请求，我们要尽力提升自己的工作能力，不断地创造业绩，提升自己在单位或组织中的地位和价值，让领导觉得我们是难以替代的，这是加薪成功的最大筹码。

三、朋友相处：透露小秘密，让朋友觉得他和你是自己人

谈判并非只存在商业活动中，实际上朋友之间的亲密交谈也可以称为谈判。朋友之间的亲密交谈，是为了交流想法或者沟通情感，但有时沟通并不顺畅，需要通过合理的方法疏导。此时，一方可以将自己的小秘密透露给对方，赢得对方的信任，让朋友也把自己的心里话说出来。

案例79 某人疑因失恋低落，其好友袒露自己的恋情秘密，使其流泪开口

王彤最近脸色非常不好，而且经常一个人静静地待着，这和她平时的样子完全不一样。

刘迅是王彤的同事，也是她无话不谈的好朋友。见王彤情绪如此低落，刘迅的心里非常难过，刚开始她只是询问王彤是不是身体不舒服，但王彤轻声细语地回了一句"没事"，接下来便是沉默与发呆。

刘迅认为王彤肯定是遇到了什么伤心的事情，这时她突然想到前两天听王彤说正在和男朋友闹别扭。难道他们两人现在分手了？这只是她的猜测，也不敢确定，于是她想试探一下。

中午下班后，她们两人一起去食堂吃饭。为了让王彤向自己吐露心声，刘迅看似无意地说起了自己和前男友的事情："我和×××在半年以前就分手了，当时我哭得稀里哗啦，伤心得要命，甚至对生活失去了希望。不过，好在我那时想到自己还有年迈的父母和可爱的弟弟，脑子慢慢清醒了。你能理解我当时的心情吗？当时我给父母打电话，在电话里哭泣，他们问我出了什么事，我……"

听到刘迅在自己面前说这些，王彤再也忍不住了，扑到刘迅肩膀上哭着说："我前天也和男朋友分手了……"

谈判在本质上是互相交换，只不过有的是交换利益，有的是交换情感，而情感的交换特别适合用在朋友身上。为了让朋友说出自己的心事，就必须获得朋友的信任，而透露自己的秘密就是一种十分有效的方式。当我们把自己的秘密告诉朋友之后，朋友有时会不好意思再隐瞒自己的秘密，这也是互惠原理的体现。不过，用这种方式与朋友交谈时需要注意以下两点。

1. 有限的秘密

透露自己的秘密固然可以，但一定要掌握好度，切忌把自己的秘密毫无保留地讲出来。毫无保留并不能体现出我们的坦率，有时可能让对方看出我们的不成熟，甚至有点儿愚蠢。既然是秘密，就不能和盘托出，可以适当保留。

2. 真诚的态度

有些人为了规劝朋友，并没有把自己的秘密讲出来，而是编造一些无中生有的事情欺骗对方。这样做，尽管出发点是安慰朋友，但只要被朋友识破，只会让事情更糟糕，甚至会影响自己在朋友心目中的形象，以后再难获得朋友的信任。因此，在讲述自己的秘密时态度一定要真诚，绝不能采用欺骗的方式。

> **谈判技巧**
>
> 朋友相处，贵在交心。如果朋友有心事需要开导，想让其袒露心声，不妨说出自己的一个小秘密，让朋友更加信任我们。这个秘密最好与朋友的心事有关联，只有这样才能触发朋友的情感。

四、夫妻分歧：深谙谈判技巧，消除婚姻中的不和谐

婚姻生活中，夫妻之间难免会产生一些磕磕绊绊，有时甚至一言不合就会大吵大闹。有人说，吵架也是婚姻生活的一剂调味品，"夫妻没有隔夜仇"。不过凡事都要有个度，吵架次数太多难免会伤害夫妻之间的感情。

其实，夫妻之间吵架的根本原因就是沟通出了问题。由于夫妻双方各有所求，又不愿意向对方做出让步，这才导致分歧，慢慢演化成争吵。如果夫妻在产生分歧时能够灵活运用一些谈判心理策略，调整彼此的心理需求，问题很快就会得到解决。

夫妻之间的"谈判"取决于交换条件，即双方会为彼此做哪些事情。尽管是家人，但也不能把自己的意志强加于对方，否则就会伤害到对方，影响彼此的关系。这就要求双方都要有一种积极解决问题的态度，主动做出让步，拿出交换条件，使

第十二章
做好生活中的谈判官，谈判才能水到渠成

双方都能得到自己想要的结果。

案例 80 夫妻两人的周末计划出现冲突，互相让步后两全其美

周末，体育中心要举办一场精彩的足球比赛。吴立海特别喜欢足球，也有自己支持的球队，当他发现自己喜欢的球队参赛时，心中很高兴，便约朋友一起去体育中心看球赛。不过，吴立海的妻子想在周末回老家看望父母。

吴立海不想放弃这次看比赛的机会，而让妻子不回家看望父母也不太现实。好在他的妻子知道他要去看球之后没有大吵大闹，而是和他一起商讨：他们的真正利益点——吴立海想看球赛，妻子想看望父母。而球赛只能在他们居住的城市举行，但看望父母在哪里不是看呢？

于是，他们互相做了让步，吴立海将妻子的父母提前接到家中，并告诉妻子，如果父母愿意看球赛，就带他们一起去；如果不愿意，就让妻子先陪老人在商场里逛逛，自己和朋友看完球赛后马上就来找他们。最后，两人都愉快地实现了自己的目的。

这个案例中的夫妻之所以没有吵架，就是因为他们都有一个希望解决问题的态度，而最后他们也确实得到了自己想要的结果。

夫妻之间的分歧需要通过谈判来调解，双方都要说明自己的需求，让对方明白自己的期望和不满，最终通过一方让步或双方让步的方式来解决分歧。

总之，退一步海阔天空。夫妻之间产生分歧时，双方应以谈判的方式来协调彼此的需求，互相多为对方着想，分歧就能被化解，夫妻之间的关系也能重归和谐。

> **谈判技巧**　夫妻之间出现矛盾和冲突，多半是因为双方的沟通出现问题，双方都为了自己的利益不肯退让。这就要求双方有一个积极解决问题的态度，说出自己的想法和不满，最后通过彼此让步的方式达成一致，使出现矛盾的婚姻重归平静。

五、面试：营造良好的印象，打动面试官的心

要想进入一家心仪已久的工作单位，第一关就是面试。面试就是一个征服面试官的过程，也是另一种意义的谈判。在这一过程中我们要打动面试官的心，说服对方录用我们。

要想打动面试官，要从多个方面入手，制订出合适的应对计划。

1. 整理仪容

我们留给面试官的第一印象会对面试结果起到十分关键的影响。如果面试官对我们的第一印象不好，会对我们产生偏见，造成面试中诸多困难的出现。仪容上，除了无法改变的长相之外，我们应该尽可能地让自己看起来卫生、整洁、端庄、有精气神儿。

2. 克服紧张感

参加面试多少会让人产生一些紧张感，尤其是在面试刚开始的时候。紧张的面试者是很难获得面试官认可的。如果面试官看到我们非常紧张，会认为我们不够成熟，不够沉稳，从而会找到更多的理由将我们排除在录用名单之外。

紧张感之所以会产生，原因有很多，如准备不充分、害怕失败、没有适应新环境等。因此，要想增加面试成功的可能性，我们必须学会克服紧张感，以平静和坦然的态度面对面试官，努力让自己看起来"气定神闲"。

那么，怎样克服心理上的紧张感呢？

（1）莫把成败看太重。就算我们失败了，没有成功地应聘到意向职位，也不意味着我们没有了后路和未来。我们还有很多机会，而且从这次失败中我们能够获取经验教训，为以后的面试提供参考。这样说来，失败的面试也不是一无所获。这样一想，还有什么好紧张的呢？

（2）不要认为面试官是一个万事通。面试官不一定就无所不通，可能公司安排了一个和我们年龄相仿、刚刚踏上人事岗位的人来负责面试工作，所以没必要过于紧张，也许面试官比我们还要紧张。

（3）尽量准备充分。我们要对所应聘的职位多一些了解，多巩固可能被问到的专业知识，熟悉面试时应该注意的技巧和礼仪。对面试职位的了解越透彻，我们反而会越轻松。

案例 81　应聘者以为应聘初中英语教师的职位是小菜一碟，却因准备不足被拒

王坤在大学毕业之后投了很多简历，也去了很多大公司进行面试，虽然都失败了，但他积累了很多经验。有一天，他接到一家英语培训学校的面试邀请，心想："就凭我多次到大公司面试的经历和扎实的基本功，这个面试应该不在话下。"

第二天，王坤如约来到招聘单位，和公司的人力资源部主任聊了一会儿，

才知道自己应聘的是初中英语教师的职位。

人力资源部主任简单地问了他一些英语方面的问题,王坤非常流利地做了回答。他心里还很得意:居然考我这么简单的东西,我已考过英语六级,就算教高中生也是绰绰有余的。人力资源部主任对他似乎比较满意,然后把他带到一间坐满学生的教室里,让他围绕"师生情"给同学们上一堂课。

王坤接过粉笔后就开始有模有样地上起课来,正当他自我陶醉地给学生讲课时,人力资源部主任示意他可以结束了。

回到办公室,人力资源部主任和王坤闲聊起来。他问王坤:"你了解我们学校吗?"

"知道一些,贵校是私立外语培训学校。"王坤回答道。

主任又问:"你知道都是什么人来我们这里培训吗?你知道我们学校的特色和授课风格吗?"王坤被问懵了,不知道如何回答这些问题。

主任说:"恐怕你对我们不大了解,从一开始谈话我就感觉到你对英语教师这个职位并没有做什么准备。"王坤心里一惊,刚刚还以为自己能胜任这个职位,甚至还有些小瞧这个职位,没想到自己居然先被对方"嫌弃"了。

主任接着说:"来我们这里的学生大多对英语没有什么兴趣,是需要增强英语学习兴趣的。刚才你的讲课在专业水平上符合要求,但在教学要求上你只是在讲课,并没有与学生互动,他们学习英语的热情也得不到提升。所以,恐怕你不大适合……"

3. 了解面试官的性格特点

知己知彼,百战不殆。如果我们能够事先了解面试官的性格特点,针对不同性格的面试官采取对应的谈判策略,就会更有利于面试的成功。

(1)严肃冷静、容貌威严。这类面试官在举手投足之间都透着一股不可侵犯的威严,我们应该谦让,只要对方说的话是对的,就要表现出认同其想法和观点的态度。

(2)思维缜密、逻辑严谨。如果面试官的逻辑思维比较严谨,做事有理有据,我们就要相应地展现自己成熟、理性的一面,让其感觉到"英雄所见略同"。

(3)精明干练、实事求是。有的面试官言语直接,从不拐弯抹角,我们在发言时要尽量做到有理有据、简洁有力,千万不要夸夸其谈,言语啰唆。

(4)言语较少、深思熟虑。有的面试官在做某个决定之前都需要认真考虑,仔细思索,我们要有足够的耐心,给其足够的时间思考,而且在对方思考时不要轻易地打断他们。

(5)性情温和、善解人意。由于对方气质比较和蔼,我们很容易在心理上出现松懈,以致在谈话过程中产生疏漏,令面试官找到拒绝录用的理由。因此,在这种面试官面前千万不能掉以轻心,应该时刻注意自己的言行,文质彬彬,展现出谦谦君子的气质。

(6)积极主动、言谈恳切。这类面试官热情、主动,丝毫不会掩饰内心的想法和观点,因此我们也要表现出热情和诚意,在谈话过程中一定要保持微笑。

应对面试官的技巧多种多样,涉及面试的各个阶段和环节,掌握这些技巧可以帮助我们在面试中更好地展现自我,征服面试官,最终收到录用通知。

> **谈判技巧**
>
> 要想成功应聘,我们不仅要了解所要应聘的职位,熟练掌握所需的知识和技能,还要在面试过程中展现自身良好的精神风貌,克服紧张感,针对面试官的性格特点采取相应的策略,使其对我们更加认可。

六、职场进谏:含蓄委婉,别触动领导的威严

作为下属,要想得到领导赏识,就不能只是埋头干活,应该经常向领导汇报工作,适时地向领导进谏,提出合理的建议和看法。

当我们向领导进谏后,有时建议不仅没有得到领导的采纳,反而自己还被领导冷落。其实,这种结果的出现并不是因为我们所提出的建议毫无可行性,也不是因为领导平庸无能,而是因为我们进谏的方式不合理。

在向领导提出意见时,我们的方式不能过于直接,否则会让领导难堪。领导毕竟位居权威,其威信不允许受到下属的损害。当我们直截了当地提出意见时,对方就会产生一种自己不被下属尊重的感觉。因此,在向领导提出想法时,方式要委婉,语言要含蓄,这样才有可能使领导接受我们的建议。

领导在工作时可能会因为受到各种因素的影响而做出错误的决策,我们不能因为发现对方出现错误就幸灾乐祸,也不能当场指出其不足之处,这样只会使其陷入尴尬的境地。即使领导的脾气再好,他也有可能恼羞成怒。

在向领导进谏时,我们不妨采用以下方法。

1. 选择合适的时机

在向领导阐明自己的不同见解前,除了要十分了解领导的性格以外,还要挑选适合进谏的时机。当领导进入工作的最后阶段时,千万别打扰他;当领导正在心烦意乱地忙碌事务时,也不要打扰他。午饭前以及度假前后,都不是向领导进谏的最

佳时机。最好选择领导独处、心情平静或者情绪良好时去进谏，这样领导接受建议的可能性会更高。

案例 82　领导误会科室未开展绩效工作，负责人插嘴辩解致其发怒

有一天，公司召开绩效考评工作通报大会，请各科室的负责人与负责绩效考核的干部一同参加。

在会上，分管绩效考核的领导对各科室的绩效工作进行了通报。或许是在统计信息时出现错误，通报某科室有一项绩效考核工作还没有开始。

这时，该科室的负责人一心急就插了话："我们科今年的任务都完成了啊！各项指标都没有超时，怎么会发生这样的事情？是不是绩效考核统计出现了错误？"其他科室的科长马上拉了拉他的手，暗示他别再说了。

分管绩效考核的领导看了看绩效统计数据，生气地说："这是前几天才统计出来的新数据，我今天刚拿到手，难道我们在统计时疏漏了你们科的数据？那好，你说说你们科都完成了哪些工作？"

场上立刻变得非常安静，气氛非常尴尬。

在这个案例中，这个负责人对领导提出意见的时机和场合不对，他没有考虑到领导的感受，使领导在众目睽睽之下难堪，再加上他说话的态度不够谦逊，自然会惹怒领导。

2. 含蓄地提出意见

我们向领导提出的很多意见是反对性的意见，这种意见最好不要明说，否则可能会损伤对方的尊严，使其觉得丢面子，而且我们的个人形象也可能受到损害。因此，最好通过比较含蓄的方式表达自己的意见。

3. 站在领导的立场上

在向领导提出不同意见时，我们一定要考虑到对方的压力和目标，让自己站在领导的立场上看待问题，做其忠实的合作者。我们不妨先赞美领导，表明自己的立场与其一致，再提出不同的意见，领导就更容易认同并接受我们的意见。

4. 提出解决方案

一般来说，我们考虑到的事情很多时候领导早就仔细考虑过，只是由于各种因素的制约没有付诸实施。现在领导需要的是解决问题的方案，如果我们能够勇敢地提出来，不仅能够体现出我们对工作的看重，而且领导也会对我们的观点给予足够的重视，更有可能接受我们的建议。

> **谈判技巧**
>
> 　　向领导进谏，首先我们要摸透领导的性格，把握合理的时机向其提出不同的意见。其次，为了减少被领导拒绝的可能性，要含蓄委婉地提出意见，与领导站在同一立场上，以防遭到领导的敌意和质疑。

七、家庭教育：与孩子和风细雨地谈判，是教育孩子的契机

　　父母在教育孩子时也需要谈判，因为孩子是天生的"谈判专家"。孩子的谈判筹码就是父母对他们的爱心，只要他们一表现出不满意或者哭闹，很多父母就会"缴械投降"。父母在教育孩子的过程中，需要掌握好妥协与不妥协之间的平衡，否则容易走向过度溺爱和过于严厉的极端，这都会导致教育失败，不利于孩子的健康成长。

　　比如，有些小孩觉得穿衣服很难，学习穿衣服时容易放弃，哭着闹着让父母帮着穿。如果父母因为孩子的哭闹就帮助其穿衣服，那么孩子很可能到很晚的时候才能学会穿衣服。与其向孩子妥协，不如与孩子谈判。孩子总有自己喜欢的东西，也会有自己非常喜欢的衣服，父母可以把"穿那件你最喜欢的衣服"作为交换条件，这样孩子学穿衣服就会比以往更有动力，不会那么轻易地放弃。

　　很多家长都对孩子的无理取闹心烦意乱。父母也知道一味纵容孩子的天性就是溺爱孩子，对其成长不利，但父母应该如何管教孩子呢？

　　比如，爱玩是孩子的天性，他们希望父母能够和自己一起玩耍，但多数时候父母忙于工作，忽视了孩子，一些孩子就会选择吵闹的方式来表达自己的不满。这个时候，不管是耐心劝慰还是大声呵斥，孩子都听不进去。

　　这时父母不妨与孩子玩些"小花招"，例如，父亲可对孩子说"等爸爸忙完工作就和你一起玩大眼瞪小眼的游戏""等忙完这些以后，爸爸就给你讲你最爱听的童话故事"。这些话会让孩子对父亲忙完以后的那段时间充满憧憬，从而安静下来。这种方式可以让孩子懂得一个道理：暂时的让步可以为其换取更大的利益。这就是与孩子之间的一种双赢的谈判，父母获得了安心工作的时间和空间，而孩子之后

第十二章
做好生活中的谈判官，谈判才能水到渠成

玩得更快乐。

与孩子谈判时，父母坚持内心的底线是基础。内心底线分为两个方面：一是假如孩子的某些行为超出了底线，父母必须加以制止，不然孩子会越来越任性；二是制止时父母不能过于严厉，否则会影响孩子的心理健康，使其变得自卑，缺乏安全感。父母对孩子进行谈判式教育，心中既要有一个不过分溺爱的底线，也要有一个不过分严厉的底线，在这个前提下与孩子谈判，才能保证为孩子营造一个良好的成长环境，让孩子健康地成长。

三岁左右的孩子非常喜欢听睡前故事，很多妈妈为孩子讲故事讲到口干舌燥，发现孩子还是没有睡意，甚至要求妈妈把整本故事书讲完。这时有的妈妈会和孩子讨价还价，而有的会耐不住性子，脾气暴躁地数落孩子一顿。其实，与其命令孩子，不如让孩子自己做出选择。同时和孩子商量，为其讲道理，最终目的就是使孩子理解早睡早起的好处。

实际上，三岁左右的孩子已经明白事理了，关键是看父母如何和孩子沟通，因为不同的方式会产生不同的结果。

如果孩子说："讲完这个故事，还要再讲一本我才睡呢！"这时，该用怎样的方式回答孩子呢？

1. 解释型的父母

这类父母会说："晚上9点以后，身体内的生长激素分泌得很多，非常容易长个子，不过必须要睡着以后才行。现在已经9点多了，你要是再不睡，以后你比其他小朋友长得矮半截怎么办？"

解释型的父母凡事讲道理，说出来的话有利于孩子获得更多的知识，但孩子可能不愿意跟其多说话。

2. 命令型的父母

这类父母会说："到了该睡觉的时间就得睡觉，少啰唆，听话！"

命令型的父母或许有助于孩子培养良好的行为习惯，但不利于孩子自由地表达自己的想法，可能会让孩子对父母有抵触心理。

3. 非干预型的父母

这类父母会说："你看看表，告诉我几点了？对啊，9点了，明天我们还要早起呢，你不是还想早点儿去幼儿园和小朋友玩吗？"

非干预型的父母在回答孩子的问题时不给他们任何压力，这会让孩子更大胆地

提出自己的问题，自由地表达自己的想法，孩子和父母就建立了一种开放和动态的良性交流方式。

养育孩子非常考验父母的耐心，父母在与孩子相处时，要好好和孩子说话，不要说出伤害孩子自尊心的话。比如："你怎么这么不听话？""你看看××家的孩子！"这样的话最好不要讲，与其把自己的孩子和别人的孩子做比较，不如想清楚对孩子的要求。我们要把注意力集中在那些最希望孩子改变的行为方式上。只要解释得具体、明白，孩子的表现一般会变得越来越好。

有时可以通过赞美的方式对孩子进行教育，比如，有时孩子在家里的地板上摸爬滚打，在外边也免不了把衣服弄脏，我们发现后不要批评他们。与其一味地指责孩子不讲卫生，不如让孩子明白家里和外面的环境有何不同，也可以夸一夸他穿着干净的衣服时有多漂亮。

有的话对孩子的伤害是极大的，不仅会损害孩子的自尊心，还会让孩子特别没有安全感，比如"我真希望没有你这样的孩子"。记住，不论我们的心情有多烦，也不要对孩子说出这样的话，不如说"你这样做让我非常生气"。

教育孩子时，父母不能一味纵容孩子的任性，但也不能过于严厉，伤害孩子的自尊心和安全感。父母要学会和风细雨地给孩子讲道理，使其明白正确做事之后会得到的利益。赞美和引导永远是家庭教育的良方。